HENRY BRADSHAW SOCIETY

Founded in the Year of Our Lord 1890

for the editing of Rare Liturgical Texts.

Vol. IV.

ISSUED TO MEMBERS FOR THE YEAR 1892,

AND

PRINTED FOR THE SOCIETY

BY

HARRISON AND SONS, ST. MARTIN'S LANE,

PRINTERS IN ORDINARY TO HER MAJESTY.

THE

ANTIPHONARY OF BANGOR

AN EARLY IRISH MANUSCRIPT
IN THE AMBROSIAN LIBRARY AT MILAN

EDITED BY

F. E. WARREN, B.D., F.S.A.

PART I.

A complete facsimile in collotype by W. Griggs, with a transcription; accompanied by an introduction descriptive of the history and the palæography of the manuscript.

London:
HARRISON AND SONS, ST. MARTIN'S LANE,
Printers in Ordinary to Her Majesty.

1893.

LONDON:
HARRISON AND SONS, PRINTERS IN ORDINARY TO HER MAJESTY,
ST. MARTIN'S LANE.

INTRODUCTION.

§ 1. Reasons for this edition of the Antiphonary of Bangor. Incompleteness and incorrectness of Earlier Editions. § 2. Irish origin, date, and character of the MS. § 3. Corroborative evidence as to date of MS. § 4. How and when the MS. left Ireland. § 5. The Library at Bobio. § 6. Transference of the MS. to Milan. § 7. Contents of the MS. summarised. § 8. Its liturgical designation. § 9. Palæographical description of the MS. Size of the MS. § 10. Binding. § 11. Gatherings. § 12. Ruling. § 13. Arrangement of Text. § 14. Language. § 15. Later and Miscellaneous marks and entries. § 16. Handwriting. § 17. Accents. § 18. Punctuation. § 19. Ornamentation. § 20. Colour. § 21. Crosses. § 22. Forms of letters. § 23. Abbreviations and Contractions. § 24. Orthography. § 25. Errors of the Scribes. § 26. Corrections. § 27. Conclusion.

THE Irish liturgical manuscript, of which a complete facsimile and transcript are now presented to Members of the Henry Bradshaw Society, has long been known to the public interested in such matters under the title of the Antiphonary of Bangor.

It was first printed by Muratori in his *Anecdota Ambrosiana*, Patavii, MDCCXIII. Tom. iv. pp. 119–159. It has been reprinted, without any alteration, since then: in the *Opera Omnia* of Muratori, Arezzo, 1770, Tom. xi. Pars iii. pp. 217–251; in Migne's *Patrologia*, Curs. Latin. Tom. lxxii. coll. 579–606, and somewhat more fully but still far from correctly in J. O'Laverty's *An Historical Account of the Diocese of Down and Connor*, Dublin, 1884, vol. ii. Appendix, pp. ix.–xlv.

Most modern writers on early Irish Church History, or on Irish Ecclesiastical Antiquities, have had something to say about this MS. Among the more valuable disquisitions upon it, there should be mentioned that of Dr. O'Conor in his *Rerum Hibernicarum Scriptores Veteres*, Buckinghami, 1814, Tom. i. Epist. Nuncup. pp. clxiii.–clxxvi. and that of the late Dr. W. Reeves, Bishop of Down, Connor, and Dromore, in the *Ulster Journal of Archæology*, vol. i. pp. 168–79. Less complete accounts, and partial extracts from it are given in the writings of Miss Margaret Stokes,[1] Dr. J. Healy,[2] the Editor of the present volume,[3] &c., &c.

§ 1. *Reasons for this edition.* It may be asked: If the Antiphonary of Bangor has already been edited once and reprinted twice, and if so many writers have subsequently quoted from and discoursed upon its contents, What is the justification of the present elaborate edition? It is this. Muratori is the main source of our knowledge of the contents of this MS. All later writers have (with limited and partial exceptions) depended upon him for their knowledge of its contents, and Muratori's edition of it is inaccessible to the great majority of students on account of its costliness and rarity. It is only on the shelves of our very largest libraries that the *Anecdota Ambrosiana* or his complete works are to be found. Migne's reprint is now a rare book. Furthermore, so far as this MS. is concerned, Muratori's work is both imperfect and inaccurate. We say this with no sense of disrespect for a writer of

---

[1] *Six Months in the Apennines.* London, 1892.

[2] *Insula Sanctorum et Doctorum.* Dublin, 1890.

[3] *The Liturgy and Ritual of the Celtic Church.* Oxford, 1881.

immense learning and research, to whom the world of letters is indebted beyond almost any one else, and beside whose monumental labours the works of most Editors of the present day stand like the works of pygmies.

As to imperfection, the following is a list of the omissions in Muratori's edition of this MS.

Folio.
1 *recto*, all except first ten words.
1 *verso*, all.
2 *recto*, all.
2 *verso*, all.
3 *recto*, fourteen lines.
6 *verso*, all except first ten lines of 1st column.
7 *recto*, all except first six words.
7 *verso*, all.
8 *recto*, all.
8 *verso*, all except four lines.
9 *recto*, all.
9 *verso*, all.
10 *recto*, 1st column, first twelve lines.
19 *verso*, 2nd column, fifteen lines.

Folio.
30 *verso*, 1st column, three and a half lines.
30 *verso*, 2nd column, all.
31 *recto*, 1st column, first ten lines.
32 *recto*, 2nd column, all.
32 *verso*, 1st column, first eleven and last six lines.
32 *verso*, 2nd column, first six lines.
33 *recto*, 1st column, last three lines.
33 *recto*, 2nd column, all.
33 *verso*, all.
34 *recto*, all.
34 *verso*, all.
35 *recto*, all.
35 *verso*, all.
36 *recto*, all.

Total: 13 pages and 16 parts of pages.

Some of these omissions are no doubt intentional, as in the case of the Canticle "Benedicite omnia opera," and of the "Pater Noster," &c., where the Italian editor seems to have thought it waste of labour to reproduce such well-known devotional formulæ. Yet the text of each yields variations both from the Old Latin, and from the Vulgate *Textus receptus*. In other cases the omissions are unintelligible. We can only suppose that Muratori was misled by the scribe whom he employed to copy out the MS.

With reference to inaccuracy, it would be an ungracious, as well as a lengthy and unprofitable task, to set out a complete table of variations between the text of the MS. and the text as printed by Muratori. Here is a list of the variations on one page only, the last page of the MS. (fol. 36. *v.*) It is one of the most important pages, because it contains many Irish proper names.

Collation of Muratori's printed transcript of fol. 36. *v.* in the MS.:

Col.	*Line.*	*Muratori.*	*MS.*
I.	1	memoria ...	memoria*m*.
"	5	ecclesia ...	aeclesia.
"	7	tempora ...	tempra.
"	9	merita ...	mereta.
"	11	coelorum ...	caelorum.
"	16	Simlanum ...	sinlanum.
"	19	coelorum ...	caelorum.
"	21	inclytum ...	inclitum.
"	22	illustravit ...	inlustrauit.
"	22	Machlaisreum	mac laisreum.
"	23	kaput ..	kapud.
"	24	sacra ...	sacrae.

Col.	*Line.*	*Muratori.*	*MS.*
II.	1	Beracnus ...	berachus.
"	2	Cumnenus...	cumenenus.
"	5	Bautherius...	baithenus.
"	6	antistes ...	antestes.
"	6	Cronanus ...	critanus.
"	8	admirabilis...	amabilis.
"	9	supremus ...	supprimus.
"	10	hymnos ...	ymnos.
"	14	coelorum ...	caelorum
"	15	merita ...	mereta.
"	20	crimina ...	cremena.

Many of these misreadings are not of the slightest importance, others affect the metre or the sense of the poem, others, in proper names, cause confusion in the list of the early Abbots of Bangor. Since Muratori's time Peyron has tried his hand at this page with this result. He read and printed "*Fintenapum, Eseganum, Beracnus, Cuminenus, Crotanus,*" instead of "*fintenanum, seganum, berachus, cumenenus, critanus*"[1]; and these misreadings have been reproduced in Zeuss' *Grammatica Celtica.*[2] More recently Mr. O'Laverty has edited the poem with "*Simlanum, Machlaisreum, Beracnus, Cumnenus, Bantherius, Cronanus,*" printed for *sinlanum, maclaisreum, berachus, cumenenus, baithenus, critanus.*[3] More recently still Dr. MacCarthy has attempted to correct his predecessors, and he prints "*Congillum, Fintendnum, Boetaenus,* and *Cumineus,*" instead of "*comgillum, fintenanum, berachus,* and *cumenenus.*"[4]

These errors and defects[5] have been tabulated not from any desire to show the faulty character of other people's work, nor for the sake of unnecessarily proving the truth of the old proposition *Humanum est errare*, but as justifying the Henry Bradshaw Society in causing a new edition to be undertaken in the present complete and expensive form.

Many years ago Bishop Reeves wrote thus:

"What a pity it is that a small portion of the learning and zeal which afforded to the early Irish the means of enriching, with the fruit of their labours, even distant kingdoms on the Continent, does not inspire their descendants, who have time and money at command, to follow the steps that have been hallowed by the name of Irish, and gather up those fragments of national history, those legitimate materials for national pride which remain scattered among the various nations of the Continent, and assign to the memory of Ireland a place in the Western world which no other country in Europe could venture to claim. . . We owe our acquaintance with it [the Antiphonary of Bangor] to Muratori, the illustrious historical antiquary of Italy, who printed it at full length in his *Anecdota Ambrosiana,* and assigned to it the place of antiquity and honour which it so well deserves. Yet notwithstanding its value to the Irish ecclesiastical student, strange to say, no facsimile of it has been published, and there is evidence to show that as yet the text has not been exhibited with accuracy. . . It is to be hoped that ere long some Irishman of zeal, in visiting Milan, will make it his chief business to collate this precious relic of antiquity, and if possible bring home a tracing of every page. Meanwhile we must content ourselves with the information afforded by the foreigner, and continue to draw upon his description."[6]

Forty years have passed since these words were written by our late venerable Vice-President, and now within a short time after the death of that eminent Irish scholar and antiquary his wish has been fulfilled, and the desiderated facsimile with an exact transcription is offered to the members of our Society.

We now proceed to describe the Antiphonary of Bangor with special reference to its

---

1 *Ciceronis Orat. Fragmenta Inedita.* Stuttgardiæ, MDCCCXXIV, pp. 225–6.

2 Second Edition, p. 944, with one additional misreading, viz.: "Adianus" for "aidanus."

3 *An Historical Account of the Diocese of Down and Connor.* Dublin, 1884, vol. ii. p. xlv.

4 *Transactions of the Royal Irish Academy*, 1886. Vol. xxvii. p. 239. The same page contains a most curious and amusing misreading of the last stanza of the "Versiculi familiæ Benchuir" on fol. 30, 1st column, lines 1–5.

5 Mr. Whitley Stokes called attention to some of these mistakes in a letter to the *Academy* of December 19th, 1885, where the whole hymn is printed.

6 *The Ulster Journal of Archæology*, 1853, vol. i. pp. 70–71.

birthplace, date, and history. To this will be added a classified table of its contents followed by a palæographical description of the MS. itself.

§ 2. *Irish Origin, Date, and Character of the MS.* The Irish origin and execution of the MS. are evident throughout it. We may mention partly as pointing that way, partly as conclusive proofs :

(*a*) The forms of the letters. (§ 22)

(*b*) The orthography employed. (§ 24)

(*c*) The dotted ornamentation of the capital letters throughout the greater part of the MS., especially on foll. 13 *v.* 15 *v.* (§ 19)

(*d*) The presence of Hymns commemorating Irish Saints, and, apart from Scriptural references, Irish Saints only, viz. SS. Patrick (f. 13 *v.*) Comgall (f. 15 *v.*) Camelac (f. 17 *v.*) and the early Abbots of Bangor (f. 36 *v.*)

(*e*) The introduction of Irish words into an otherwise Latin text. The Irish words "munther benchuir" (*i.e.* the monastic family of Bangor) occur in the fifth line of the hymn on f. 30 *r.*; the word "benchuir" occurs also in the title at the commencement of the hymn, and in the first and last lines of the hymn; but in the two latter cases it is possibly the vocative and not the genitive case. A short Irish rubric or title occurs on f. 34 *r.* "*Common oroit dún*" (*i.e.* Common prayer of ours).

(*f*) The mention of Irish people and places; Scoti (f. 13 *v.*) Hibernæ gentes (f. 14 *r.*) Camelacus Cumiensis (f. 17 *v.*) Benchor (f. 30 *r. v.*) Benchorensis ecclesia (f. 36 *v.*)

The last two names enable us to determine not only the Irish character, but also the monastic character of the MS. and, further than that, the particular monastery from which it emanated and to which it belonged. The evidences of its monastic character, in a general sense, are plentiful throughout the volume, not only in the nature of its contents as a whole, but in the presence of prayers specially entitled "*oratio commonis fratrum* (f. 20 *r.*) *oratio pro fraternitate* (f. 20 *v.*) *common oroit dún*" (f. 34 *r.*) "*oratio pro abbate*" (f. 20 *v.* and again on f. 34 *v.*), and hymns "*sancti comgilli abbatis nostri*" (f. 15 *v.*), and "[in] *memoriam abbatum nostrorum*" (f. 36 *v.*) with frequent mention of "*abbates*" therein.

Its monastic character causes no surprise. It is well known that the early Celtic Church, especially in Ireland, identified itself with monasticism and abounded in monasteries and monks to a greater extent than any other portion of Western Christendom. The scriptoria of these monasteries corresponded to printing presses of the present day, and from them everything, or almost everything, in the shape of ecclesiastical literature emanated. The interest of the present MS. lies, not in its monastic origin and character, but in its yielding precise information as to the name of the monastery in which, and as to the time at which it was written. Few ecclesiastical MSS. of equal antiquity yield such express information as to their own birthplace and date.[1]

The birthplace was the monastery of Bangor. The date was A.D. 680–91. The evidence on both these points is contained in three hymns, on ff. 15 *v.*, 30 *r.*, 36 *v.* But first, as to place.

[1] In the case of the Stowe Missal, how many pages of controversy would have been saved, if it had yielded similar information! It does, however, contain the name of one of its scribes, a point on which the Antiphonary of Bangor is silent.

On f. 15 *v.* there is a hymn entitled "*ymnum sancti Comgilli abbatis nostri,*" and the introductory verse refers to him as "*nostri patroni Comgilli sancti.*"

The rest of this long hymn is occupied with singing the praises of the virtue and learning of this patron saint, but does not yield any further biographical details concerning him.

This St. Comgall (or Comgill) was one of the most famous of the earlier Irish Saints. He was born in Mourne, now Magheramorne, and in the year 517 founded his monastery at Bangor in 558, where he died as its first Abbot, at the age of 85, in 602, or as is sometimes stated in early Irish annals and martyrologies, at the age of 91.

He was one of the most renowned presbyter-abbots of the Irish Church, being invoked among the Saints in the Litany at the commencement of the Stowe Missal, and commemorated among the "*sacerdotes*" in the diptychs of the same liturgy. He was enumerated among the Catholic Presbyters who formed the second order of Irish Saints extending from 543–599, who "*diversas missas celebrabant et diversas regulas.*"[1]

His monastery, the Irish Bangor (*Beannchor Uladh*) was on the southern shore of Belfast Lough, in Ard Uladh, the northern half of the Lesser Ulster, or Ulidia; (as distinguished by some writers from the Greater Ulster, or Ultonia, broken up in the fourth century by the Collas.) It was within the boundaries of the ancient territory known as Dalnaraidhe in the county called Down, after its chief town Dún da lethghlas or Dún lethglas, now Downpatrick, one of the reputed burial places of St. Patrick.[2]

It must be carefully distinguished from two other Celtic monasteries of the same name in Wales: Bangor Fawr or Bangor Deiniol, founded (c. 514) by Bishop Deiniol (ob. 584) at Bangor in Caernarvonshire; and Bangor Iscoed, founded somewhat earlier, in the valley of the Dee in Flintshire by Dunawd, the father of Bishop Deiniol. For other Bangors in Ireland see Dr. Reeves, *Eccles. Antiqq. of Down, Connor, and Dromore,* p. 199. The first part of the name is derived from an Irish word "*benn,*" meaning "horn," "peak," "pointed rock." The derivation and meaning of the second part of the name are uncertain.

The hymn on f. 30 is entitled "*Versiculi familiæ Benchuir.*"

These versicles of the family of Benchor contain a panegyric, in general terms, of the monastic rule established by St. Comgall for his monastery at Bangor. They do not add much to the scanty knowledge which we possess from other sources of the nature and contents of it.

The hymn on f. 36 b. is entitled "[In] *Memoriam abbatum nostrorum,*" and is of historical value as preserving the names of the first fifteen abbots of Bangor together with some details concerning them. The titles borne by the heads of the monastery were "Abb Bennchoir," =Abbot of Bangor, and "Comarba Comgaill = Successor of Comgall." The following is a list of their names with the dates of their deaths, with the short notices of them recorded in the Annals of Tighernach[3] and in the Annals of Ulster.[4]

---

[1] Anonymous sketch, not later than the eighth century, printed in Haddan and Stubbs' *Councils,* &c. vol. ii. Part ii. p. 292. A Vita St. Comgalli, *ex* MS. Codice Ardmacano, is printed in P. Fleming's *Collectanea Sacra,* Louvain, 1667, p. 303. This, together with another and a shorter Latin life, is printed in the Bollandist *Acta Sanctorum,* Parisiis et Romae, 1866. Maii t. ii. pp. 579–588.

[2] *Tripartite Life,* W. Stokes' Edition, Rolls Series, 1887, p. 255.

[3] Twelfth century; quoted from Rawl. MS. B 488, a late twelfth or early thirteenth century MS. in the Bodleian Library at Oxford.

[4] Fifteenth century; quoted from W. M. Hennessy's Edition, 1887.

No.	*Name.*	*Obit.* A.D.	*Annals of Tighernach.*	*Annals of Ulster.*
1	Comgillus.	602	Co*m*goll ab bendchair .xci. andó etatis sue p*r*incipat*us* *autem* suí .L. an*no* et .iii. me*n*se et .x. die .ui. id*us* mái.[1]	Quies Comghaill Bennchair.
2	Beognous.	606	Q*ui*es bruighne ab b*enn*chair.	Quies Beugnai abbatis Bennchoir.
3	Aedeus.	—	Not named, but see note 2.[2]	Not named, but see note 3.[3]
4	Sinlanus.	610	Bass sillai*n* m*i*c cu*m*aine ab ben*n*cair et bás aedhain incharad.	Mors Sillani mic Cumminn abbatis Bennchoir et mors Aedain ancoritæ Bennchoir.[4]
5	Fintenanus.	613	Q*ui*es findtain áentruimh abadh b*enn*chair.	Quies Fintainn Oentraibh[5] abbatis Benncoir.
6	Mac laisreus.	646	M*a*c laisre ab b*enn*chair q*ui*euit.	Mac Lasre abb Bennchair quieuit.
7	Seganus.	663	Q*ui*es segain m*i*c .h. chui*n*d abadh bendchair.	Quies Segain mic u Chuind abb Benncoir.
8	Berachus.	664	et berach abass b*enn*chair [quieuit].	Berach ab Benncair [quieuit].
9 10 11 12	Cumenenus. Columba. Aidanus. Baithenus.	— — — —	666 Baithine ab b*enn*chair q*uieuit*. 667 Mortalitas in q*u*o quottuor*um* abaites be*nn*chair p*erierunt* berach*us* *cuminenus* colum m*a*c ædha. There is some confusion between Berachus and Baithenus. The annals of the Four Masters (seventeenth century) give, at A.D. 666, the names of these four abbots as Berach, Cummine, Colum, and Aodhán [= mac Aedha]; at A.D. 665 they give the obit of Baeithin.	These four abbots are not named, but under 664 [= 665] there is recorded "mortalitas magna . . . episcopi, abbatesque, atque alii innumerabiles mortui sunt," and under 666 [= 667] "mortalitas in hibernia."
13	Critanus.	669	Obit*us* . . . critan abateiss b*enn*chair.	Obitus . . . Critani abbatis Bennchair.
14	Camanus.	680	Colman abas b*enn*cair pausat.	Colman abas Benncair pausat.
15	Cronanus.	691	Cronan m*a*ccu caulne ab*bas* b*enn*cair obit.	Cronan mac u Chualne abbas Bennchuir obiit.

[1] There is this similar entry under May 10th in the Martyrology of Tallaght: "Comgaill Bench*orensis* xci. an*no* ętatis *eius* p*r*incipat*us* au*tem* L. an*no* *et* me*n*se iii *et* decimo die." (*Book of Leinster*, p. [360], 3rd column.)

[2] A.D. 608, "Quies aedhach." See Annals of Ulster, next note.

[3] A.D. 607 [= 608], Quies Aedach mic Daill. This Aedh, son of Dall, may be the third abbot of Bangor. The word "quies" implies that he was an ecclesiastic.

[4] This Sillanus is called "sacerdos" in the Lebar Brecc notes to the Calendar of Oengus. (Edit. Whitley Stokes, p. liv.)

[5] Now Antrim.

The first fourteen abbots on this list are spoken of in the Bangor Antiphonary in the past tense, but when Cronan, the fifteenth Abbot, is reached the perfect is changed to the present tense (*nunc sedet*), and a prayer is added that God may preserve him, and that he may enjoy life. (*zoen ut carpat conseruet eum Dominus*). The *conuocauit* in the refrain to the earlier verses is likewise changed to *conuocabit*. There is such frequent confusion between "u" and "b" in early MSS., that the last-named change might have been considered to be accidental, if it had stood by itself, but coupled with the change in the two preceding verbs it proves to demonstration that Abbot Cronan must have been alive when the Antiphonary of Bangor was written, and that its date must accordingly be fixed between A.D. 680–691.[1]

We must not be tempted to enter further into the history of Bangor, beyond quoting one interesting and important passage from a much later writer bearing testimony to its extremely prosperous condition in its early days.

St. Bernard of Clairvaux, writing the life of his friend St. Malachi, (= Malachi O'Morgair, Archbishop of Armagh, ob. 1148) thus describes his re-foundation of the then ruined Bangor as a monastery of the Augustinian canons, c. 1130.

"A wealthy and influential individual who was in occupation of the ground of Bencor and its possessions, acting under divine influence, forthwith placed all his property and his own services at Malachi's disposal. And though he was his maternal uncle, the bond of the spirit was with Malachi a stronger tie than that of the flesh; the owner bestowed upon him also the site of Bencor, that he might build, or rather rebuild a monastery there. For in early times

---

[1] There is not the slightest evidence, palæographical or otherwise, to support Muratori's conjecture that this MS. may possibly be not the original seventh century MS. written in Ireland, but a word for word copy of it written at a later date in Italy. (*Anecdota Ambros. Bibliothecæ*, Patavii, MDCCXIII. iv. 125.)

there had existed in this place, under the founder Comgall, a most noble institution, the parent of many thousand monks, the head of many monasteries. A place it was truly sacred, the nursery of saints, which brought forth fruit most abundantly to the glory of God, insomuch that one of the sons of that holy congregation, Luanus by name, is alone reputed to have been the founder of a hundred monasteries, which I would mention for this reason, that the reader may from this single instance form a conception of the number to which the remainder amounted. In short, so widely had its branches extended through Ireland and Scotland, that these times appear to have been specially foreshadowed in the verses of David:—'Thou visitedst the earth and wateredst it; thou hast greatly enriched it. The river of God is full of water; thou preparedst their corn, for so providest thou for it. Thou waterest the ridges thereof abundantly; thou settlest the furrows thereof; thou makest it soft with showers; thou blessest the springing thereof.'[1] Nor was it only into the countries I have mentioned, but even into distant lands, that crowds of saints poured like an inundation; one of whom, St. Columbanus, penetrating into these our regions of Gaul, built the monastery of Luxeuil, and there became a great multitude. So great do they say it was, that the solemnization of divine offices was kept up by companies, who relieved each other in succession, so that not for one moment, day or night, was there an intermission of their praises. These facts may serve to illustrate the ancient glory of Benchor. But ages before Malachi it had been demolished by pirates, and now he gladly took possession of it, resolved upon planting a second paradise on the spot, partly through respect for its ancient dignity, and partly because of the many bodies of saints which slept there. For not to mention those who were buried in peace, it is related that nine hundred perished on one day, massacred by pirates."[2]

The only surviving relics of the ancient Celtic Monastery of Bangor are its bell, dug up in the ruins of the Abbey about 1793, and now in the possession of Lieutenant-Colonel M'Cance, of Knockmagoney House, Belfast,[3] and one of its service books, "the Antiphonary of Bangor." The former owes its preservation through so many centuries to a kindly coating of mother earth, the latter to the kindly shelter of an Irish monastery in Italy.

§ 3. *Corroborative evidence as to date of MS.* We have seen that the date of this MS. is fixed by indisputable internal evidence, but it may not be amiss to call attention to certain facts and features in it, which failing such direct evidence would have been suggestive of a very early date, and which may now be regarded as corroborative of it.

(*a*) The absence of any mention of or reference to any Irish or other saint or ecclesiastic later than the seventh century.

(*b*) The paucity of contractions (ten) used in the text itself. See the list in § 23. The contractions and abbreviations used in titles, &c., need not be taken into consideration.

(*c*) The absence of prayers to the saints by name (but see ff. 15 *v.* 17 *v.* 33 *v.* 35 *r.*) The Virgin Mary is named but twice (ff. 13 *r.* 19 *r.*) and that only in the simplest

---

[1] Ps. lxv. 10, 11.

[2] Bernardi, *Vita S. Malachiæ*, cap. v. in Messingham's *Florilegium*, p. 356. For further information about Bangor both before and after St. Malachi's time see Scott (C.) *The Abbey Church of Bangor*, Belfast, Second Edition, 1886; O'Laverty (J.) *An Historical Account of the Diocese of Down and Connor*, vol. ii. Dublin, 1880; Bishop W. Reeves, *Ecclesiastical Antiquities of Down, Connor, and Dromore*, Dublin, MDCCCXLVII.

[3] The bell is figured and described by Bishop Reeves in the *Ulster Journal of Archæology*, i. 179.

way of historical reference. To estimate the value of this evidence, let the reader compare the contents of the few early service books, Irish or English, which have come down to us and which may be of the eighth, and are certainly not later than the ninth century, *e.g.* the Book of Nunnaminster,[1] the Book of Cerne,[2] and Harl. MS. 7653.[3]

(d) The unsettled state of things with regard to the acceptance of the doctrine or the addition of the Filioque. See f. 19 *v.* note 1, and f. 35 *v.* note 3.[4]

(e) The unsettled text of Holy Scripture. This matter will be discussed more fully hereafter. At present it is sufficient to state that of the ten books of Holy Scripture from which quotations are made, four are quoted from an Old Latin text, viz., Exodus, Daniel, St. Matthew, Revelation. Two are quoted from the Vulgate, viz., Deuteronomy, Psalms. One is quoted from a mixed Old Latin and Vulgate text, viz., St. Luke. Judith is uncertain. The verses quoted from St. John's Gospel and the Acts agree neither with the Old Latin nor the Vulgate.

§ 4. *How and when this MS. left Ireland.* In the absence of any certain information we must fall back upon probability, which in this case is nearly equivalent to certainty. It escaped destruction at the hands of the Danes, who for about two centuries from A.D. 795 onwards, ravaged and pillaged the greater part, and especially the northern part, of Ireland. We are told that "they ravaged her chieftaincies, and her privileged churches, and her sanctuaries, and they rent her shrines, and her reliquaries, and her books. They demolished her beautiful ornamented temples, for neither veneration, nor honour, nor mercy for Termonn [= right of sanctuary], nor protection for church or sanctuary, for God or for man, was felt by this furious, ferocious, pagan, ruthless, wrathful people."[5]

They are also said to have had a special animosity against books.

"The writings and the books in every church and in every sanctuary were burned and thrown into the water by the plunderers from the beginning [of their inroads] to the end [of them]."[6]

Bangor shared the fate of other churches and monasteries, and was more than once wasted and plundered by the Danes.

We read of it being sacked by them about 824, when the shrine of St. Comgall was broken down, and its learned men and bishops were smitten with the sword.[7]

The natural result was that the inmates of these monasteries fled far and wide to escape massacre, in some cases no doubt, carrying away service-books or other treasures with them.

---

[1] Royal MS. 2 A. xx. British Museum, edited by Mr. W. de G. Birch for the Hampshire Record Society in 1889.

[2] Cambridge University Library, MS. Ll. i. 10. (Not published.)

[3] An Irish "Libellus precum" which will appear as an appendix to the second volume of this work.

[4] The reader should compare also the text of the Nicene Creed in the Stowe Missal. See the facsimile page prefixed to the *Liturgy and Ritual of the Celtic Church*, Oxford, 1881.

[5] *The Wars of the Irish with the Foreigners* (*Cogadh Gaedhel re Gallaibh*). Edited by J. H. Todd, D.D. Rolls Series, 1867, vol. xlviii. p. 41.

[6] *Ibid.* p. 139.

[7] *Ibid.* pp. xxxviii. 7. Annals of Inisfallen, A.C. 810 = 824. Reeves (Wm.) *Eccles. Antiqq. of Down, Connor, and Dromore*, Dublin, 1847, p. 153.

Eric of Auxerre, writing in the ninth century, speaks of "almost all Ireland despising the perils of the sea, and passing over to our shores with her crowd of philosophers."[1]

One of such refugees, escaping from Bangor to the Continent, must have carried over the present MS. with him and deposited it in the Irish monastery at Bobio in the Apennines. Are there any means for ascertaining who that person was? There is nothing in the shape of a note or a gloss or an entry of any sort in or about the MS. to help us.

There was an original connexion between Bangor and Bobio, which would make the latter a natural resort for an exile from the former. St. Columbanus, the founder of Bobio, had been educated at Bangor under its founder and first Abbot, St. Comgall. He left Ireland in 590, for the Continent, and after many years in Gaul and its confines, into the history of which we must not enter here, crossed the Alps into Italy, and reached Milan in 595. The Lombardic King Agilulf received him kindly, and enabled him, three years later (A.D. 598) to found the monastery of Bobio in a gorge of the Apennines, thirty-seven miles north-east of Genoa. The details of St. Columbanus' life in Italy, and a full description of Bobio, have been recently published by Miss Margaret Stokes.[2] It is only desirable to add here that Columbanus on the occasion of a second visit to Italy, retired to Bobio, and died there in seclusion in 615.

While this original connexion between the two places accounts for a Bangor MS. being found at Bobio, it does not help us further. The actual bearer of it from Ireland to Italy is generally supposed and stated to have been Dungal. Dungal was a famous Irishman, who left his country early in the ninth century, and became a recluse in the monastery of St. Denis in Gaul in A.D. 811. The author of the life of St. Buo mentions John Erigena and Dungal the Divine (*Theologum eximium*) as two among many others who were compelled to take shelter in Gaul from the fury of the Danes.[3] Afterwards he moved on to Italy and was made chief teacher of the school at Pavia, before being selected by Lothaire II. in 823 as superintendent of the whole system of education in the eight leading cities of Italy. In later life he retired to the monastery of Bobio, where he died, and to which he bequeathed his library.

Dungal is certainly not an unlikely person to have taken such a MS. book to Bobio. Muratori is responsible for the assertion that he actually did so. In his *Anecdota* he ventured to state no more than that it was probably taken to Bobio by one of Dungal's disciples or early successors. This he gave as his opinion but did not state as a fact.[4] Afterwards in another work he ventures upon the explicit statement,

> "quod temporibus Caroli Magni Dungalus monachus Scotus Ticinum deportavit, et Bobiensi deinde monasterio dedit."[5]

But no evidence is produced to substantiate this fact. The early history of Dungal in

---

[1] Herici Autissiodorensis, *Epistola dedicatoria ad Carolum Calvum.* Migne, *Patrologia Latina*, tom. cxxiv. col. 1133; though Eric implies that the exile of the Irish was due not to Danish persecution, but to a desire to hear the wisdom of Solomon, (*i.e.* Charles the Bald.)

[2] *Six Months in the Apennines*, London, 1892, pp. 109–48. A life of St. Columbanus is extant, written in 624 by Jonas, a Piedmontese. (See Laurentius Surius, *de Vitis Sanctorum*, Venetiis, 1581, t. vi. fo. 154 b. Nov. 21.)

[3] Colgan (J.) *Acta Sanctorum*, Lovanii, 1645, p. 256.

[4] *Anecd. Ambros. Bibliothecæ*, Patavii, MDCCXIII. iv. 123.

[5] *De Reb. Liturg. Dissert.* cap. xi. Printed in Migne's *Patrologia Latina*, tom. lxxiv. col. 953.

Ireland is unknown. There is no evidence to connect him with Bangor. Nothing is known beyond his own statement with regard to himself in the opening line of his poem in praise of Charles the Great addressed to that monarch, in which he describes himself as an Irish exile.[1]

But modern writers, accepting Muratori's statement that Dungal gave this MS. to Bobio, argue backwards from his hypothetical possession of it, that he must have been brought up at, or connected with, Bangor.[2]

§ 5. *The Library at Bobio.* We know something about the number and names of the books at Bobio at an early date. Let us see if we can get any help in that quarter.

Muratori has printed a catalogue of the books in the Library of Bobio in the tenth century from a MS. of that date.[3] Not one of the books on that list can, with certainty, be identified with the present MS. It includes several service books under the various titles of "Missale," "Lectionarium," "Antiphonarium," and "Psalterium," but the present MS. can hardly have been any one of them, for not one of these titles accurately describes it.

Muratori does not assert, but his language suggests the identification of this MS. with a "Psalterium" mentioned near the end of the above lists, among certain volumes expressly stated there to have been bequeathed by Dungal to Bobio. We reprint this portion of Muratori's tenth century Catalogue. It is the only portion necessary to print, because if the Bangor Antiphoner were Dungal's gift to Bobio, it would be found among the MSS. enumerated as given by him.

"Item de Libris quos Dungalus præcipuus Scottorum obtulit beatissimo Columbano.[4] In primis Librum Origenis in Genesi I. In Canticis Canticorum ejusdem Librum I. in quo habetur Expositio Bedæ in Esdra, et Quæstiones Hieronymi in Genesi, et de Locis Terræ repromissionis, et de Hebraicis nominibus; Expositio quoque in Ecclesiasten, in Danihelem, et in Hieremiam. Librum Origenis in Epistola ad Romanos unum, in quo habetur Expositio Johannis Constantinopolitani in Epistola ad Hebræos. Librum I. Sancti Ambrosii in Luca, in quo est Expositio Bedæ in eodem. Librum Homeliarum Gregorii in Ezechiel I. in quo habetur Expositio Hieronymi in eodem. Librum cujusdam in Epistolis Pauli, in quo continetur Expositio Hieronymi in Epistola ad Ephesios, ad Titum, ad Philimonem, ad Galathas; et Expositio cujusdam in septem Epistolis Canonicis. Librum I. Augustini super Johannem. Librum I. Augustini de Trinitate. Ejusdem de Civitate Dei Librum unum. Librum I. Hieronymi in Esaia. Ejusdem in minoribus Prophetis Librum unum. Epistolarum Hieronymi Librum unum. Librum I. Eugeppii in quo continetur Liber Cassiodori Institutionum Divinarum Lectionum, et Hieronymi Illustrium Virorum, et Soliloquiorum Augustini, et Expositio Albini in Genesim. Librum Bedæ in Genesim unum, in quo est Albini super Johannem. Expositio I. Bedæ in septem Epistolis Canonicis. Librum Etymologiarum Isidori unum. Expositum cujusdam breve in Johanne et Salomone. Librum Prudentii. Librum Fortunati unum in quo est Paulinus, Arator, Juvencus, et Cato. Librum Pompei I. Librum Joseppi Historiographi unum.

Euangelium plenarium.
Librum Enchiridion.
Sancti Hier[onymi Libros] ii.
Psalterium I.
Librum quendam Latine Scotaicæ Linguæ.
Librum Dungali contra perversas Claudii sententias unum.
Librum sancti Augustini de Musica.
In primis Lib . . . . Sedulii ortograph . . . . Librum Psichomachiæ Prudentii . . . . quo continetur Consentii

---

[1] "Hos Carolo regi versus Hibernicus exsul," &c. Migne, *Patrologia Latina*, tom. xcviii. col. 1443.

[2] Healy (J.) *Ireland's Ancient Schools*, p. 382.

[3] *Antiquitates Italicæ medii ævi*, Milan, 1740, tom. iii. coll. 817–24.

[4] As Columbanus died in 615, this must mean to the monastery of Bobio founded by Columbanus.

Lib . . . . Priscianus minor Lib . . . . super Donati Lib. in . . . . cujusdam super . . . . De Consolatione . . . . Lib. de Injuria . . . . Regula . . . . pro peccatis . . . . Lib . . . . Præfaction . . . . Lib . . . . Glosis . . . . Librum Quæstionum in Genesi. Librum Bedæ de . . . .

Can our present MS. be identified with any of the books on this list? Is it possibly the "Librum quendam Latine Scotaicæ Linguæ"? Surely a MS. which does not contain a single whole Psalm cannot be the "Psalterium" in the above catalogue. Certainly it contains some isolated verses of Psalms and some Canticles, and Canticles were usually found in Psalters, but this fact would not suffice for its being named a Psalter; and if Muratori thought that it might be Dungal's "Psalterium," why did he change its name to "Antiphonarium"? It certainly contains a good many Anthems, but it is not an Antiphonarium in the sense which that word bore in the seventeenth century and bears still. On the whole, therefore, we must decide that the connexion of this MS. with Dungal is not proved. All that can be said with certainty is that it was brought to Bobio by an unknown hand at an unknown but probably very early date.

§ 6. *Transference of the MS. to Milan.* It reposed in the monastery of Bobio for many centuries till the year 1606, when Cardinal Frederic Borromeo removed it and many other early and valuable MSS. to Milan, where he was founding the Ambrosian Library. There it has rested since that date and there it still rests, its press mark being now C. 5 inf.

Thus much for the history of the MS. We now proceed to describe its contents.

§ 7. *Contents of the MS.* The following is a summary of the contents of this MS. Service Book:—

(*a*) Six Canticles.
(*b*) Twelve Metrical Hymns or Poems.
(*c*) Sixty-nine Collects for use at the Canonical Hours.
(*d*) Seventeen Collects on behalf of special persons or for use on special occasions.
(*e*) Seventy Anthems and Versicles.
(*f*) The Creed (f. 19 *r.*)
(*g*) The Pater Noster (f. 19 *v.*).

They are thus arranged and entitled:—

(*a*) The six Canticles are:—

	Title.	*First words.*	*Folio.*
1	Canticum Moysi	Audite caeli quæ loquor	1 *r.*
2	Benedictio sancti Zachariæ	Benedictus Dominus Deus	6 *v.*
3	Canticum [Moysi]	Cantemus Domino gloriose	7 *r.*
4	Benedictio [trium] puerorum	Benedicite omnia opera	8 *v.*
5	Ymnum in die dominica	Te Deum laudamus	10 *r.*
6	Ad uesperum et ad matutinam	Gloria in excelsis	33 *v.*

(*b*) The twelve Metrical Hymns or Poems are:—

	Title.	*First line.*	*Folio.*
1	Ymnum S. Hilari de Christo	Ymnum dicat turba fr[atrum]	3 *r.*
2	Ymnum Apostolorum, ut alii dicunt	Praecamur Patrem	4 *v.*
3	Ymnum quando commonicarent sacerdotes	Sancti uenite Christi corpus	10 *v.*
4	Ymnum quando caeria benedicitur	Ignis creator igneus	11 *r.*
5	Ymnum mediae noctis	Mediae noctis tempus est	11 *v.*
6	Ymnum in natale martyrum uel sabbato ad matutinam	Sacratissimi martires	12 *v.*
7	Ymnum ad matutinam in dominica	Spiritus diuinae lucis	13 *r.*
8	Ymnum S. Patrici magister Scotorum	Audite omnes amantes	13 *v.*
9	Ymnum S. Comgilli abbatis nostri	Recordemur iustitiae	15 *v.*
10	Ymnum S. Camelaci	Audite bonum exemplum	17 *v.*
11	Versiculi familiae Benchuir	Benchuir bona regula	30 *r.*
12	[In] memoriam abbatum nostrorum	Sancta sanctorum opera	36 *v.*

The last five entries on this list of Hymns are rather commemorative and historical poems than devotional Hymns, and form the most interesting part of the MS.

(*c*) The sixty-nine Collects for the Canonical Hours are arranged under these titles:—

		Folio.
1	Ad horas diei oratio communis	34 *r.*
3	Ad initium noctis	18 *r.*, 19 *r.* (2)
	Ad martyres. *See* De martyribus.	
9	Ad matutinam	18 *r.* (2) 18 *v.*, 20 *r.* (2) 22 *r.* (3) 34 *v.*
3	Ad nocturnam	18 *r.*, 19 *v.*, 22 *r.*
3	Ad nonam	18 *r.*, 18 *v.*, 34 *v.*
4	Ad secundam	17 *v.*, 18 *r.*, 18 *v.*, 35 *r.*
2	Ad sextam	18 *r.*, 18 *v.*
2	Ad tertiam	18 *r.*, 18 *v.*
2	Ad uespertinam	18 *r.*, 18 *v.*
6	De martyribus [or Ad martyres]	21 *v.*, 22 *v.*, 23 *v.*, 26 *r.*, 31 *r.*, 35 *r.*
7	Post Benedicite omnia opera	23 *r.*, 24 *r.*, 24 *v.*, 25 *r.*, 25 *v.*, 26 *v.*, 27 *r.*
8	Post Cantemus Domino	22 *v.*, 23 *v.*, 24 *v.*, 25 *r.*, 25 *v.*, 26 *v.* (2) 28 *v.*
5	Post Euangelium	23 *r.*, 25 *r.*, 25 *v.*, 26 *r.* (2)
4	Post Hymnum	23 *v.*, 25 *r.*, 25 *v.*, 26 *r.*
6	Post Laudate Dominum de cœlis	24 *r.*, 24 *v.*, 25 *v.* (2) 26 *v.*, 28 *r.*
3	Post Laudate pueri Dominum in die Dominica	35 *r.*, 35 *v.* (2)
1	Post tres Psalmos	23 *r.*
	Super Benedicite, etc. *See* Post.[1]	
69		

[1] In this list collects referring to one Canticle have been grouped under one title of that Canticle for the convenience of enumeration, although variety of title and of wording occurs in the MS. *e.g.* the "Benedicite" is ometimes called the "Benedictio trium puerorum," sometimes "Ymnum trium puerorum," &c.

(*d*) The seventeen Collects on behalf of special persons or for use on special occasions are the following:

Title.	Folio.
Oratio communis fratrum...	20 *r.*
,, pro baptizatis	20 *v.*
,, pro abbate...	,,
,, [pro fratribus]	,,
,, pro pace populorum et regum	21 *r.*
,, pro blasphemantibus	,,
,, pro impiis...	,,
,, pro iter facientibus	,,
,, [pro gratias agentibus]	,,
Oratio pro elimosi[nariis]...	21 *r.*
,, pro infirmis	21 *v.*
,, [pro tribulantibus, in MS. "Collectis"]...	,,
,, [pro poenitentibus]	22 *r.*
Collectio super hominem qui habet diabulum	30 *v.*
Oratio pro abbate nostro...	34 *r.*
Common oroit dún	,,
Oratio ad ceream benedice[ndam]	36 *r.*
Total	17

(*e*) The seventy Anthems and Versicles may be classed thus:

		Folio.
1	Anthems or additional verse after Benedicite	9 *v.*
1	,, ,, ,, after Benedictus	10 *r.*
1	,, ,, ,, before Te Deum laudamus	10 *r.*
2	Versicles before Collects "Ad pacem celebrandam"	19 *r.*
17	,, ,, ,, for various occasions	20 *v.*, 22 *r.*
10	Antiphonae super Cantemus Domino	31 *v.*, 32.
10	,, ,, Benedicite	31 *v.*, 32.
1	,, ,, Laudate Dominum	31 *v.*, 32.
3	,, ,, Domine refugium	31 *v.*, 32.
4	,, de martyribus	31 *v.*, 32.
1	,, cotidiana	31 *v.*, 32.
7	,, "ad communicare"...	32 *v.*, 33 *r.*
12	Versicles "ad uesperum et ad matutinam"	33 *v.*
70[1]		

§ 8. *Its Liturgical Designation.* With this description and analysis of the contents of the MS. before us we are in a position to discuss what its proper liturgical designation is. It would be an anachronism to compare it to either the Breviary or the Missal, neither of which volumes existed till long after the seventh century. It has little or nothing in common with the ancient Sacramentary. It might be called a Collectarium, as containing Collects; a Hymnarium, as containing Hymns; a Psalter, as containing verses of Psalms and Canticles, the latter being generally contained as well as Psalms in that volume; an Antiphonary, as containing antiphons "*super Canticis*"; a Gradual, as containing antiphons "*ad communicare,*" a hymn "*ad accedentes,*" and a Credo, and a Pater Noster (f. 19) which are possibly Eucharistic. On the other hand the "Gloria in Excelsis (f. 33 *r.*) is labelled "for evening and morning use," and was part of the Divine Office and not of the Mass in Ireland when this MS. was written.

But none of these names suit this Bangor MS. which belongs to a date before the distinctions of liturgical volumes had become well defined. Muratori called it the "Antiphonarium Benchorense," "the Antiphonary of Bangor." That title suits it as little as any;

[1] These lists are exclusive of the interlinear and marginal additions in a smaller handwriting on foll. 15 *v.*, 17 *v.*

but Muratori's authority ranks high. Ever since his day the MS. has been called by no other name, and therefore in the face of the inconveniences attending the change of a well-established name, and in the face of the difficulty of finding any liturgical name which would exactly describe the Bangor MS. it has been decided to let Muratori's misnomer stand, and not to attempt to disturb the title of the "Antiphonary of Bangor."

Palæographical Description of the MS.

It is thought that the following statements of facts as to the palæography of the MS. may be useful to some readers, who even with the aid of the complete facsimile would find it difficult to collect the details together; although the Editor is well aware that for the professed and experienced palæographer much of the following pages will be superfluous.

§ 9. *Size of the MS.* The Antiphonary of Bangor is a thin MS. volume consisting of 36 leaves or 72 pages. The pages are about 9 × 7 inches in size, except f. 29, which is only a narrow strip.

The collotypes fairly represent as a general rule the size of the page and the length of the lines in the original MS., but the reproduction of the size is not absolutely accurate, and in some cases the length of the (full length) line, as reproduced, slightly exceeds the original length in the proportion of about 150 to 146 millimetres.

§ 10. *Binding.* The binding consists of two leaves of old parchment, limp, and stitched together at the back, on which leaves are written fragments of anthems of the Roman rite, of the tenth and eleventh centuries. But although this much older material has been used for the cover, the paper lining the covers dates from the late sixteenth or early seventeenth century. This also seems to be the date of the two unoccupied paper flyleaves at the beginning, and of the one similar flyleaf at the end of the MS., all of which show vertical wire marks.

§ 11. *Gatherings.* The MS. is made up of three gatherings of unequal dimensions, with a few inserted single leaves (viz. ff. 7, 8, 9, 29.) These inserted leaves are of the same date as the rest of the MS., which seems to be complete. Fol. 1 *r.* with its large and well executed initial letter, and the short pious motto on the top margin, has every sign of having been the original first page of the MS. and the memorial poem of the Abbots of Bangor on f. 36 *v.* is its obvious and suitable conclusion.

The first gathering is a quinion consisting of ff. 1–6, 10–13. Three separate single leaves, ff. 7, 8, 9, in a different handwriting, are inserted between ff. 6 and f. 10. They are kept in position by a small folding over of their inner margin. Although they are misplaced, yet their misplacement seems to date from the original putting together of the MS. and it has been thought wisest in this facsimile edition to preserve them where they are instead of shifting them to their probably intended position close to ff. 26, 27, 28.

There is no pagination or other mark on this quinion or on the subsequent gatherings.

The second gathering is a quaternion containing ff. 14–21.

The third gathering is a gathering of 7 skins making up 14 leaves, ff. 22–36.

Fol. 29 is a narrow slip, originally inserted in its present position in the centre of this gathering.

The accompanying plan exhibits the making up of the MS.

ARRANGEMENT OF GATHERINGS AND LEAVES.

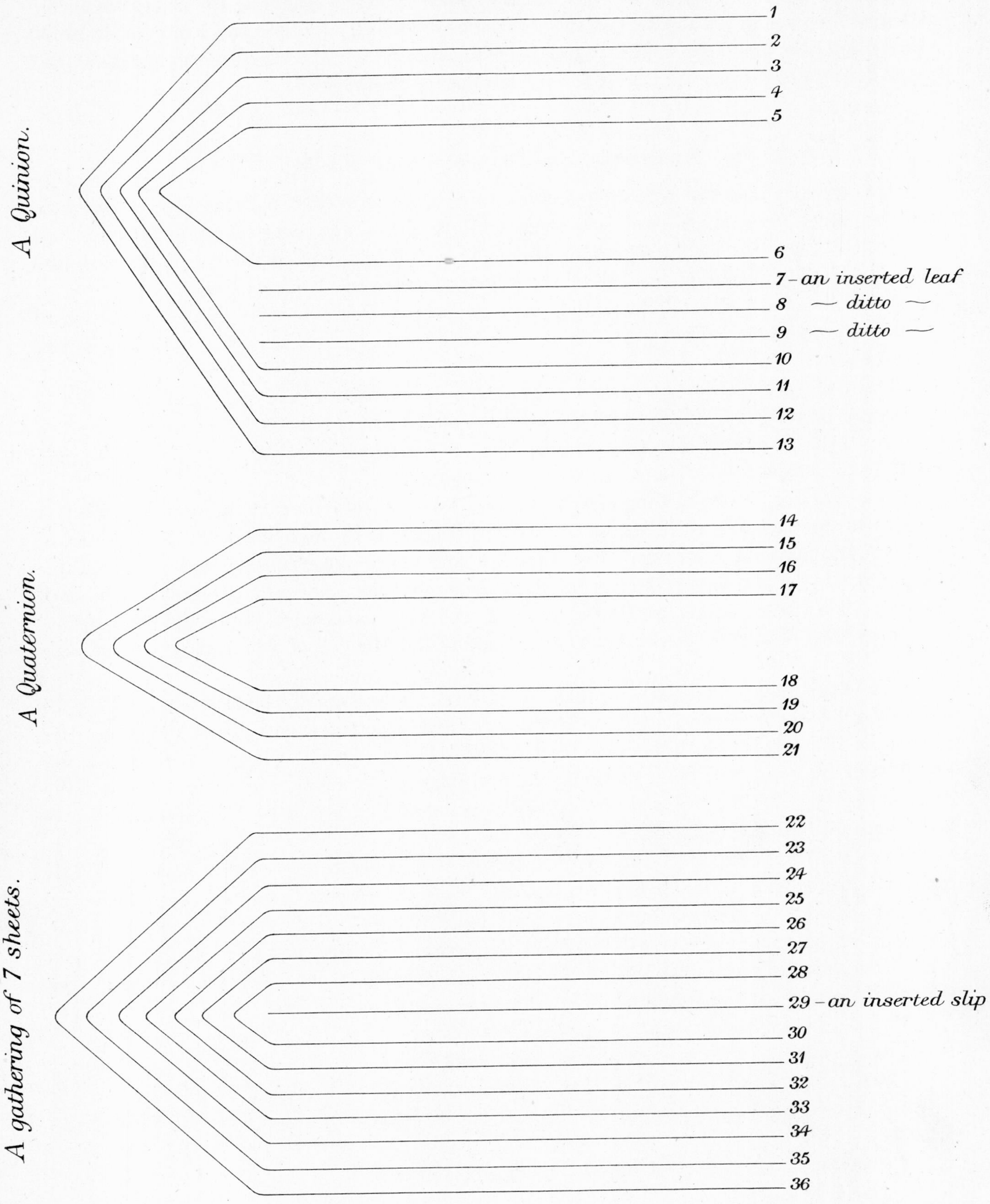

A Quinion.

1
2
3
4
5
6
7 - *an inserted leaf*
8 — *ditto* —
9 — *ditto* —
10
11
12
13

A Quaternion.

14
15
16
17
18
19
20
21

A gathering of 7 sheets.

22
23
24
25
26
27
28
29 - *an inserted slip*
30
31
32
33
34
35
36

HARRISON & SONS. LITH. ST MARTINS LANE, W.C.

§ 12. *Ruling.* The vellum has been ruled with a hard point. Perpendicular bounding lines, sometimes single, sometimes double, are drawn across the whole page. From these boundary lines horizontal lines are drawn from equidistant prickings about five-sixteenths of an inch apart. The writing rests on these lines, where they can be traced, but on many leaves it is impossible to trace them. Perpendicular lines can be traced in the collotypes on ff. 1, 2, 3, 4, 5, 6, 12, 14, 16, 17, 18, 19, 21, 22, 32. Of these the lines on ff. 3, 4, 5, 6, 16, 17, 18, 19, are wholly or partly double, the rest are single. Traces of horizontal lines are visible on ff. 1, 2, 3, 4, 7, 8.

§ 13. *Arrangement of Text.* The text is for the most part arranged in double columns; but on ff. 1, 2, 3 *r.*, 7, 8, 9, 27, 28, 29, 34, 36 *r.* and in the last three lines of 17 *v.* the writing extends across the page. The number of lines in the different columns varies from 21 to 28 up to f. 25 *v.*; after that page it is sometimes much less, varying from 15 to 25. On those pages where the writing extends across the page the number of lines varies between 15 and 17.

§ 14. *Language.* The MS. is almost entirely in the Latin language. The exceptions consist of a few Irish words previously referred to (p. viii) and of a few transliterated Greek words, viz. proto (f. 5 *r.*) agie (f. 12 *r.*) agius, pantes, ta, erga (f. 15 *v.*) zoen (f. 36 *v.*)

Irish and other proper names are nearly always introduced in their Latinized form; (for exceptions see p. x.) There are no glosses.

§ 15. *Later and Miscellaneous Marks and Entries.* These are few in number. On the top margin of the first flyleaf there is the press mark of the present day "C No. 5 inferiore." The number 5 is written above a crossed-through 10, which was the former number of the press mark. Under this press mark there is the following entry, in the handwriting of Cardinal Angelo Mai, formerly Prefect of the Ambrosian Library (1813–19): "*Hymni sacri cum aliquot Psalmis pro Canticis.*" On the upper part of the verso of the second flyleaf there is the following older press marks Y *f*; crossed through. This indicated the shelf in which the MS. was kept in the earliest days of the Ambrosian Library in the beginning of the seventeenth century.

There is no trace of any earlier press mark connecting the MS. with the library at Bangor or Bobio.

On the verso of the strip which forms f. 29, and which is blank, as far as the text of the Antiphonary is concerned, there is a single line in different ink from the rest of the MS. It contains two letters of the alphabet, followed by seven or eight neumes. They are not in an Irish handwriting, and it is difficult to assign an exact date to them.

There is a small page inserted at the commencement of the volume between the cover and the first flyleaf on which an entry has been made containing an unimportant statement about certain Irish Saints, and signed W. S. O'Brien, Milan, Jan. 6, 1863. Beneath it Dr. Ceriani has written "Memoria relativa all' Inno dell' ultimo foglio v° lasciata dal Signor Will. Smith O'Brien."

§ 16. *Handwriting.* The handwriting throughout is early Irish half-uncial, with the frequent intermixture of minuscule letters, so much so as to suggest the designation of "Minuscule with a large admixture of the semi-uncial element"; but we believe the former to be on the whole the more correct description, because in the palæographical pedigree the half-uncial precedes the minuscule development, and a MS. which exhibits large elements of both types of writing is therefore, from a chronological point of view, more correctly described as half-uncial with an admixture of minuscule than as minuscule with an admixture of half-uncial. Uncial letters are sometimes introduced, but more frequently into titles than into the main body of the text. Titles are also written in rather larger letters, more widely spaced, and in red. This gives a distinct appearance to them, and enables the eye to distinguish them at once from the rest of the text. See the "N" and the "S" in the title "*Canticum moysi,*" on f. 1 *r.*, and the "R" and first "N" in the title "*Super cantemus domino,*" on f. 28 *v.* etc. It was impossible to reproduce exactly in modern type the appearance of these titles. We have ventured to distinguish them from the rest of the text by printing them in capitals, except in the following cases: The titles (or sub-titles) on ff. 18 *v.*, 19 *r.*, 20 *v.*, 21, which are written in the ordinary minuscule, somewhat smaller than the general body of the text, have been printed in great primer type. The two lower rubrics on f. 34 *r.* are written in letters of almost the same size, and by the same hand, as the surrounding text.

Surplus words or syllables which a line will not contain are frequently added above or below the line, being separated off from the rest of the preceding or succeeding line by a thin stroke slanting upwards from left to right, a mark known in Irish as *ceann fa eite.*[1]

The greater part of the MS. is written by two scribes whom we will designate as A. and B.; the parts not indicated by letters of the alphabet may be assigned to other scribes; though some of the changes may be merely the result of a change of pen, and may not involve a change of writer. It should be remembered that ff. 7, 8, 9, though inserted in the earlier part of the MS. really belong to the latter part of it. (See p. xx.)

A. Foll. 1–6; 10–24; 25 *r.*; 26 *v.* to second line of first column.

B. Foll. 7; 8; 9; 26 *v.* (beginning at second column, line 8); 27; 28; 29; 30 *v.* (from first column, seventh line); 31 *r.* (as far as first column, line 10).

But the latter part of the MS. from fol. 25 *v.* onwards, and more especially from fol. 30 *r.*, has been executed by an extraordinary number of different scribes. No fewer than fifteen different people seem to have written down collects, anthems, hymns, etc. in no special sequence, and without any close connexion. The following is an attempt, but only an attempt, to assign to them their respective parts.

Collects inserted in a small handwriting on 15 *v.* 17 *v.* These must have been written after the main body of the text, yet the writing is so similar to A. except in size, that they may have been written by A. himself

25 *v.* (from first column, line 4); 26 *r.* (to bottom of first column.)

26 *r.* (second column); 26 *v.* (to second column, line 6.)

30 *r.*; 30 *v.* (as far as first column, line 6.)

31 *r.* (from first column, line 13.)

31 *v.*

32; 33 *r.*

33 *v.*; 34 *v.* (These are possibly different hands.)

34 *r.*

35 *r.* (omitting lower collect on first column.)

35 *r.* (lower collect on first column.)

35 *v.* (first column as far as "confitemur.")

35 *v.* (from "tibi" in first column, line 7, to second column, line 4.)

35 *v.* (second column, line 6, to 36 *r.*, line 10.)

36 *r.* Mutilated collect.

36 *v.*

---

[1] = "head under wing," see J. O'Donovan's *Grammar of the Irish Language*, Dublin, 1845, p. 434. Two such strokes are used in the Book of Armagh, and in Middle Irish MSS.

To all of which must be added the rubricator.

Corrections, when not *prima manu*, are quite or nearly quite contemporary. They seem to be sometimes due to one of the later hands making improvements, or supposed improvements, on the text of a predecessor.

All the handwritings, including corrections, may be regarded as practically of the same date.

§ 17. *Accents.* Accents are occasionally and irregularly employed throughout the MS. The accent is a thin stroke slanting upwards from left to right, sometimes thicker at the top than the bottom, sometimes *vice versâ.* It is always placed over a vowel. It is employed altogether 52 times:

24 times over the final "is" of substantives or adjectives, *e.g.* stellís, singulís, etc. These are all datives or ablatives plural. There is one exception, quamuis (f. 30 *r.*)

24 times over monosyllables, including á, cór, dún, és, ó, rés, sé, té.

4 times over polysyllables, including ámarissimo (f. 2 *r.*) débent (f. 28 *r.*) exémisti (f. 26 *v.*) óvilibus (f. 6 *r.*) These last four cases are possibly clerical errors. In the case of "óvilibus" the accent is probably intended for the "i" in the preceding "humeris." In the case of the other three words the scribe possibly thought that he was accenting the three monosyllables a, de, e. On the other hand the opening vowels of polysyllables are found occasionally accented in the Book of Kells, an Irish Biblical MS. of the seventh or eighth century, which yields such instances as ámicis, ávari, óportuit, ápostoli, ánphoram, etc.[1] The accent seems generally to be intended to mark a vowel which is long by nature though not by position.

§ 18. *Punctuation.* The system of punctuation employed is irregular and capricious. Sometimes whole pages (*e.g.* 9 *r.* 27 *v.*) are without a stop of any kind. One stop only, the middle point (·), equivalent in force to a comma, etc. is used (occasionally) in the middle of sentences. The following stops are used at the end of verses, paragraphs, and prayers:

| · | , | · · | : | · , | ·.· | · · , | : · , | · · · , | : · · , |

Of these ten forms the first five and the last occur rarely.

§ 19. *Ornamentation.* The only ornamentation used in the execution of this MS. consists of the following items. In the greater part of it, capital letters at the commencement of Hymns, Canticles and Prayers, are surrounded or interspersed with clusters of three points. Ten such clusters are attached to a capital P on f. 19 *v.* But this form of decoration is omitted on ff. 1 *r.* 7 *r.* 8 *v.* 18 *r.* and on and after f. 23 *v.* with the exception of a limited revival on ff. 24 *r.* 31 *v.* 32. In one instance points are arranged within the spaces of a capital letter in perpendicular rows, f. 11 *v.* In two instances the large initials at the commencement of Hymns have these outlines bordered within and without with a closely placed beading of points. These hymns are in honour of St. Patrick, the patron Saint of Ireland (f. 13 *v.*) and St. Comgall, the founder of the Monastery of Bangor. (f. 15 *v.*)

On f. 10 *v.* second column, line 2, two groups of points have been placed above and below a line in "Te Deum Laudamus," just after the word "*domine*," and on f. 19 *v.* first column, line 15, a single group of three points has been placed above a line in the Creed after the word "filio."

---

[1] Abbott (T. K.) *Evangeliorum Versio Antehieronymiana*, Dublin, 1884, Pars prior, p. xxv.

These cases, which can hardly be cases of punctuation, must be considered as curious and capricious cases of ornamentation, or as having some significance the exact character of which is unknown to us. (But see § 3.)

Undulating interlacing lines are sometimes added by way of an ornamental flourish after a title or after a canticle. (ff. 8 *v.* 10 *r.* etc.)

§ 20. *Colour.* The titles or rubrics, with their ornamental appendages, and the dotted ornamentation of the capital letters, and the upper of the two horizontal marks of contraction in the few cases where two such lines are employed, are mostly in red, which is the only colour other than black introduced into this MS.

§ 21. *Crosses.* Crosses are made upon the margins in the following cases :

Folio.	*Shape.*	*Position.*
18 *v.*	+	Before the title, "item ad secunda."
22 *r.*	+	,, ,, "ad nocturno."
24 *v.*	⁜	,, ,, "super cantico."
25 *r.*	+	,, ,, "item post cantico."
,, *v.*	+	Before an omitted title ["post canticum"].
26 *v.*	+	Before the title, "post cantemus."
,,	+	,, ,, "super cantemus."
28 *v.*	+	,, ,, "super cantemus domino."
31 *r.*	+	By the side of an "oratio de martyribus."
31 *v.*	+	,, ,, antiphon, "in natale domini."
,,	⁜	Before the title, "antefani super cantemus et benedicite."
32 *v.*	+	Before the antiphon, "cantemus domino gloriosae."
,,	⍭	Before the title, "super domine refugium in dominicorum die."
,,	⍭	,, ,, "ad commonicare."
33 *r.*	+	,, ,, "ad uesperum et ad matutinam."

These crosses are roughly executed. Their form approximates to that of the Greek more frequently than to that of the Latin cross. In two cases they are decorated with points placed in the angles formed by the central intersection of their limbs. In two cases the horizontal cross-bar has ornamental terminations. It is difficult to discover any special meaning in these crosses. They seem to be occasionally and irregularly appended by way of ornament in the later pages of the MS. They generally indicate the commencement of a new paragraph.[1]

§ 22. *Forms of Letters.* Capital letters are of very different sizes, varying from three inches to three-eighths of an inch in height. Where the uncial and semi-uncial types of capital letter differ, both forms are used with indifference and with about equal frequency.

Large elongated attenuated specimens of a capital A will be found on ff. 1 *r.* 13 *v.* the

[1] There are similar crosses to the above on the left margin of the first page of St. Matthew's Gospel in the MS. of Maelbrigte Mac Durnan, now at Lambeth (*Nat. MSS. of Ireland*, Part I. Plate xxx.) and before the colophon on the last page of the Gospels of Mælbrigte hua Mæluanaig. (Harl. MS. 1802, f. 156 *v.*) Small ornamental crosses after verses are frequent in the Psalter traditionally ascribed to St. Columba, but probably written in the latter part of the seventh century. See *Nat. MSS. of Ireland*, Part I. Plates iii.–iv.

latter with characteristic Irish ornamentation. A smaller but singular form of the same capital occurs on f. 11 *r.* and both the uncial and semi-uncial form of this capital on ff. 6 *r.* 6 *v.* etc.; but it would occupy many pages to go through the alphabet letter by letter, and the presence of the complete facsimile enables any reader interested in this point to pursue the subject for himself.

Large capitals are frequently followed by one or two or three or four smaller capitals. The size of them is so variable and irregular that it has not been found possible to reproduce them in the printed text with uniformity or exactness. As samples of the difficulty see the word "*Unigenito*" on f. 13 *v.* first column, line 5, or "*Elegit*" on f. 16 *r.* first column, line 1.[1]

Ordinary letters are mixed semi-uncial and minuscule with the occasional introduction of uncial forms. It would be a lengthy task to describe the whole alphabet. We call attention to some points in connexion with the vowels.

"a," which assumes a variety of shapes, has its second stroke sometimes extended with a considerable flourish, dipping below the line, when it is the last letter of a line, (ff. 9 *v.* 15 *v.*) and sometimes raised far above the line, whether at the end of a line or not. (f. 36 *v.*)

"e" is frequently raised above the line, especially before l, m, n, r, long s, and t. The e with a cedilla (e caudatus) only appears twice in the lower collect on first column on f. 35 *r.*

"i" is sometimes raised above the line, especially before m and n, and sometimes drops below the line, especially after l, t, s. After l its lower extremity sometimes bends to the left, so as to make it resemble a j, so also after t on f. 31 *r.* first column, line 17. Thrice i is written above the line, nom^{i}ns (f. 21 *v.*), d^{i}eniis (f. 24 *v.*), or^{i}etur (f. 35 *r.*).

"o" is sometimes a very diminutive letter as in osculo (f. 4 *r.* first column, line 8) omnipotentem (f. 19 *r.* second column, line 10) and especially in the diphthong œ. (proelientium, f. 12 *v.* second column, line 13: anticoepent, f. 20 *r.* second column, line 8, etc.)

It is once written below the line. (f. 23 *v.* first column, line 22.)

"u," in its cursive form, is frequently written above the line, its right limb being often extended upwards to a very considerable height. The capital U is only once written above the line. (f. 4 *v.* second column, line 17.)

Combined Letters. The capital D and S in the abbreviation for DEUS are sometimes artistically combined. (ff. 21 *v.*, 22 *v.*)

In the case of the diphthongs "æ" and "œ," the a and the e are most frequently written separately, but are sometimes combined; the o and the e are always written separately.

Of the smaller letters, "e and t," "g and n," "n and t," are frequently combined, the latter only when assuming the uncial shape and at the end of a line.

"e" and "i" are sometimes written so close to a preceding or succeeding consonant (especially c, n, r, t,) as to present the appearance of, but not actually to amount to, a combination. "t" is generally linked on to the preceding or succeeding letter, or to both the preceding and succeeding letters.

§ 23. *Abbreviations and Contractions.* The following signs or marks of abbreviation or contraction are used occasionally:

---

[1] This peculiarity, due to a real and natural artistic sense, is only found in Irish MSS. or MSS. written under Irish influence. The abruptness of the transition in size from the initial letter to the succeeding letters struck the Irish mind, and this means was devised to avoid it.

· for ue final.
: for ue final; once for ue in the middle of a word seq:rentur, once for final ae in quae (f. 35 *v.* second column, line 17).
: for us final.
~ for m final; more occasionally for m in the middle of a word.
ˀ = the ordinary mark of abbreviation or contraction.

≈ = ditto when placed over *christus*, d*eus*, d*ominus*, ih*esus*, spi*ritu*s, s*anctu*s, only on ff. 19, 21, 32 *r.* 35 *v.*
ħc for autem.
ꝓ for pro *passim.*
ꝑ for per, twice in titles ff. 31 *r.*, 35 *v.*; once only in the main text, f. 24 *v.* second column, line 22.
℞ for rum only in titles, ff. 12 *v.*, 13 *v.*, 23 *r.*

The following contractions only are used in the main text:

d̄s = deus.
dn̄s = dominus.
f̄r = frater.
ih̄s = ihesus.
is̄rl = israhel.
n̄r = noster.
omp̄s = omnipotens.
sc̄s or s̄ = sanctus, also in its compounds sanctificare, sanctitas, sanctimonium, sanctuarium.
sp̄s = spiritus.
xp̄s = christus.

The following abbreviations are found in addition, but only in titles, refrains, and concluding formulæ of collects:

āb = abbas.
āl, ālle = alleluia.
aū, aūd, aūdi = audite.
b̄ = bene, benedicite, benedictio.
beñed. = benedictio.
cōl, coll̄ec = collectio.
glō = gloriose.
incīp = incipit.
it̄ = item.
laū = laudate.
mat̄u = matutinam.
matūtin = matutinam.
mīse, misērre = miserere.
procl̄a, proclam̄a = proclamant.
pūer = puerorum.
r̄, r̄g, rēg = regnas.
rēspi = respice.
s̄æ, sæc̄u = sæcula or sæculorum.
ues̄per = uespertinam.
ym̄ = ymnum.

§ 24. *Orthography.* The following is a list of the chief orthographical peculiarities or irregularities which occur in the MS.

æ for a: iræcundiæ, græui.
æ for e: præces, æcclesia (frequent)
au for a: protoplaustus.
b for p: adobtionem.
b for u: liberabit (perfect.)
c doubled: occuli.
c for gg: acerribus.
c for qu: quiscilia [so cum, cotidie, etc., for quum, etc.]
cg for g: conpuncgamur.
ch for h: euichens.
ci for ti: dicionibus.
d for t: adque, condida, kapud.
e for æ: eui, equore, etc. (frequent)
e for i: defores, meretis, etc. (frequent)
f doubled: refferemus.
f for ph: faro, profetis (frequent)
g for c: migrologi.
h prefixed: hab, habierunt.
h inserted: israhel, israhelite, choronam.
h omitted: ora, ymnum, etc. (frequent)
h for ch: hirubin.
i doubled: deniis, diictum, filii (voc.) hii, hiis.
i omitted: pissimus, spatis (frequent)
i for e: di, tris (frequent)
i for u: quessimus.
i for y: imno, mirra (frequent)

k for c : kalcauit, kapud, karitatis, kastitatis, kastus.
l doubled : candellabrum, tollerare.
l omitted : mile.
m doubled : lamminas.
m for n before f : imferni imfirmis.
n doubled : annanias, channan, haeccenne.
o for e : obtondit.
o for u : commone, troso (frequent)
oe for i : antecoepent.
p added : polump.
p inserted between m and n : columpna, contempnens, sollempnitatis, sollempniter.
p omitted : salmos.
qu for c : quoeredes.
rr for r : acerribus (= aggeribus)
s doubled : possita, uassis (frequent)
s omitted : misa, iusit (frequent)
u doubled : triuum.
u omitted : diluio, loqutus, pluia.
u for f : uide.
u for o : exortu, sumno (frequent)
y for e : gylauerunt, pylago, syraphin.
y for i : hylaris, laqueys, pylato, ymber, ymparadiso.
z for di : zabulus, zaboli.[1]

Some of the above irregular spellings may be due to clerical errors ; most of them are often met with in Irish MSS. though not exclusively so.

Prepositions in composition do not usually undergo assimilation or modification. Hence such forms as :

Adnuntiat, adprehendo, adprobat, adque, adsumet, conlaudo, conplebo, conpraehendo, conpuncgamur ; also in one instance con furore.

Inlecebram, inluminat, inluminator, inlustris, inmaculatus, inmensæ, inmittam, inmobilis, inmortalitatem, inpletur, inritauerunt, adinplet.

On the other hand sometimes when a preposition is so closely attached as to be or to become part of the following word, an alteration of its last letter takes place. Hence such a form as ymparadiso.

§ 25. *Errors of the Scribes.* Clerical errors exhibit themselves mainly in the following forms : (a) the presence of a mark of contraction when not needed (collectis, on f. 21 *v.*) ; (b) the use of wrong genders (*deuicta hoste*, f. 24 *r. dominicam initium*, on f. 25 *v.*) ; (c) the omission of a letter (*ergum* for *tergum* after *post* on f. 5 *r.*) ; (d) the addition or insertion of a letter (*meorum* for *eorum* after *peccatorum* on f. 6 *v. reddes* on f. 1 *r.*) ; (e) the omission of a syllable (*Benedite* for *Benedicite* on f. 25 *r.*) ; *codianis* for *cotidianis* on f. 32 *v.* etc. ; (f) the addition of a syllable (*fratrorum* on f. 20 *r.*) ; (g) the omission of a title (as on ff. 20 *v.* 21) ; (h) the omission of a verse of a hymn (f. 4 *r.*) ; (i) the disguise, through misspelling, of words (*moli = olim*, on f. 5 *r.* ; *domuens = domans* on f. 17 *r.* ; *collectis = collectio* on f. 21 *v.* ; *et esto* for *adesto* f. 32 *v.* etc.)

§ 26. *Corrections.* Sometimes the original scribe has discovered his own mistake, sometimes one of the writers engaged in the latter part of the MS. has discovered the mistake of a predecessor, and has corrected it either by erasure, or more frequently by the use of one or two slanting lines, or one, two, or three points, or by the combined use of slanting strokes and points, which direct the eye to some blank space between the lines, or on the margin, where the proper letter has been substituted, or the missing letter, or syllable, or word, or words have

---

[1] Zabulus is the form usually found in the Book of Durrow (sixth or seventh century) and the Book of Kells (seventh or eighth century.) Abbott (T. K.) *Evangeliorum Versio Antehieronymiana*, Dublin, 1884. Pars prior, pp. xxi, xxiv. It occurs in the *Epistola S. Patricii ad Coroticum ;* Haddan and Stubbs, *Councils*, etc. vol. ii. part ii, p. 315. But a reference to Du Cange's Glossary will supply many more instances of its use by non-Irish writers. For Zabulus, Gen. Zaboli, see W. Stokes' Edition of *Tripartite Life of St. Patrick*, p. 376, lines 6 and 8 ; and the Glossary, p. 666, col. 2. *Stabulus* also occurs ; *Ibid.* p. 388, last line.

been added. The exact nature of each correction is called attention to in a footnote. All the corrections are either *prima manu*, or contemporary, or nearly contemporary with the text itself.

Insufficient space, and sometimes no space, has been left for the rubricator, who has been compelled to squeeze in his titles, or parts of them wherever he could find room, between the columns, on the margin, or between the lines.

§ 27. *Conclusion.* The result is a MS. of purely Irish execution, not resembling any Bobio handwriting, so far as that is known through the Palæographical Society's Plates of other MSS. once at Bobio and now at Milan (see Nos. 54, 92, 112, 121, 137, 138) and yet not identical with, nor very closely resembling, the handwriting of any of the MSS. reproduced in the volumes of facsimiles of the National MSS. of Ireland, nor the handwriting of other Irish MSS. unrepresented in those volumes. (*e.g.*, the Stowe Missal ; MS. Bodl. 426 ; Hatton MS. 93, etc.)

There is, however, one MS. which whether written in Scotland or Ireland, is certainly of Irish execution, and which is definitely assigned to the earlier part of the eighth century, before 713, that is to say, it was written about twenty-five years after the Antiphonary of Bangor. This is Codex A of Adamnan's *Life of St. Columba.* This MS. was taken to the Continent, probably in the ninth century, and reposed at Reichenau till near the end of the eighteenth century, when it was removed to Schaffhausen, its present home. There is not only a general similarity in the handwriting of these two MSS. but there are several features of similarity as to particular points, *e.g.* in the shape of the capital letters ; in the gradual tapering down in size of the opening letters of a line after a capital letter ; in the use of a double mark of contraction, the upper mark being red, etc.[1]

Palæographically the Bangor MS. has an exceptional value, as being the earliest Irish MS. to which an almost exact date, a date within the narrow limit of eleven years, can be assigned with certainty.

Attention has been confined in this Introduction to the history and palæography of the Antiphonary of Bangor, and a catalogue has been given of its contents.

As a Service Book it presents many features of interest, as well as many points of difficulty both as to its structure and as to its contents, which are reserved for consideration until the time when it may be possible, in a second volume, to lay an edited and annotated text before the members of the Henry Bradshaw Society.

To the writer of this Introduction it has been both a privilege and an honour to have had his services accepted as the Editor of this priceless monument of ecclesiastical antiquity. It is one of the oldest Service Books of Western or indeed of universal Christendom. Neither England nor Scotland possesses any liturgical MS. nearly as old as this relic of the ancient Celtic Church of Ireland.

Thanks are due, above all, to the Rev. Dr. Antonio Ceriani, without whose courtesy and assistance this facsimile could never have been published. It is impossible to exaggerate the indebtedness not only of the Editor, but also of the whole Henry Bradshaw Society to the learned Prefect of the Ambrosian Library at Milan. Thanks are due secondly, to

---

[1] This MS. has been fully described by Dr. William Reeves in his edition of Adamnan's *Life of St. Columba.* Dublin, 1857, pp. xiii–xxiv. Plates 1 and 2.

Mr. Falconer Madan, of the Bodleian Library, who has most kindly looked through the proof sheets before they went finally to press, and the value of whose help is best known to those who have been fortunate enough to secure it; also to our Vice-President, Mr. Whitley Stokes, who read the proof of this Introduction; and, among other members of our Council, to Dr. Wickham Legg, to the Rev. W. C. Bishop, jun., and to the Rev. E. S. Dewick, who have kindly contributed valuable information and suggestions throughout the progress of the work.

F. E. WARREN.

BARDWELL, BURY ST. EDMUND'S,
June 17th, 1893.

ANTIPHONARY OF BANGOR.

TABLE OF CONTENTS.

Omitted titles and parts of titles are printed within square brackets.

No.	Title.	Folio.
[1]	Canticum Moysi	1 *r.*
[2]	Ymnum Sancti Hilari de Christo	3 *r.*
[3]	Ymnum Apostolorum ut alii dicunt ...	4 *v.*
[4]	Benedictio Sancti Zachariae	6 *v.*
[5]	Canticum [Moysi]	7 *r.*
[6]	Benedictio [trium] puerorum	8 *v.*
[7]	Ymnum in die dominica	10 *r.*
[8]	Ymnum quando commonicarent sacerdotes	10 *v.*
[9]	Ymnum quando caeria benedicitur ...	11 *r.*
[10]	Ymnum mediae noctis	11 *v.*
[11]	Ymnum in natale martyrum uel sabbato ad matutinam	12 *v.*
[12]	Ymnum ad matutinam in dominica ...	13 *r.*
[13]	Ymnum Sancti Patrici magister Scotorum	13 *v.*
[14]	Ymnum Sancti Comgilli abbatis nostri ...	15 *v.*
[15]	Ymnum Sancti Camelaci	17 *v.*
[16]	Collectio ad secundam	17 *v.*
[17]	Item alia ad secundam	18 *r.*
[18]	Ad tertia[m]	18 *r.*
[19]	Ad sexta[m]	18 *r.*
[20]	Ad nonam	18 *r.*
[21]	Ad uespertina[m]	18 *r.*
[22]	Collectio ad initium noctis...	18 *r.*
[23]	Ad nocturno	18 *r.*
[24]	Ad matutina[m]	18 *r.*
[25]	Item ad matutinas	18 *r.*
[26]	Item alia ad matutina[m]	18 *v.*
[27]	Item ad secunda[m]	18 *v.*
[28]	Ad horam tertiam	18 *v.*
[29]	Ad horam sextam	18 *v.*
[30]	Ad horam nonam	18 *v.*
[31]	Ad uespertinam	18 *v.*
[32]	Ad initium noctis	19 *r.*
[33]	Ad initium noctis	19 *r.*
[34]	Ad pacem celebrandam	19 *r.*
[35]	Incipit symmulum	19 *r.*
[36]	Oratio diuina	19 *v.*
[37]	Ad nocturno	19 *v.*
[38]	Ad matutinam	20 *r.*
[39]	Item ad matutinam	20 *r.*
[40]	Oratio commonis fratrorum	20 *r.*
[41]	Pro baptizatis	20 *v.*
[42]	Pro abbate	20 *v.*
[43]	[Pro fratribus]	20 *v.*
[44]	Pro fraternitate	20 *v.*
[45]	Pro pace populorum et regum	21 *r.*
[46]	Pro blasfemantibus...	21 *r.*
[47]	Pro impiis	21 *r.*
[48]	Pro iter facientibus...	21 *r.*
[49]	[Pro gratias agentibus]	21 *r.*
[50]	Pro elimosi[nariis]	21 *r.*
[51]	Pro imfirmis	21 *v.*
[52]	De martyribus	21 *v.*
[53]	[Pro tribulantibus]	21 *v.*
[54]	Collectis	21 *v.*
[55]	Ad martyres	21 *v.*
[56]	[Pro poenitentibus]...	22 *r.*
[57]	Ad nocturno	22 *r.*
[58]	Ad matutina[m]	22 *r.*
[59]	Ad ma[tutinam]	22 *r.*
[60]	Ad matutina[m]	22 *r.*
[61]	Ad (= De) martyribus	22 *v.*

No.	Title.	Folio.
[62]	Collectio post cantico	22 v.
[63]	Collectio post benedictionem [trium] puerorum...	23 r.
[64]	Collectio post tres psalmos	23 r.
[65]	Collectio post euangelium	23 r.
[66]	Super hymnum	23 v.
[67]	De martyribus	23 v.
[68]	Super cantemus domino gloriose	23 v.
[69]	Super benedictionem triuum puerorum ...	24 r.
[70]	Super laudate dominum de caelis... ...	24 r.
[71]	Super cantico	24 v.
[72]	Post benedictionem triuum puerorum ...	24 v.
[73]	Post laudate dominum de caelis	24 v.
[74]	Post euangelium	25 r.
[75]	Post hymnum	25 r.
[76]	Item post cantico	25 r.
[77]	Item post benedi[ci]te	25 r.
[78]	Post laudate dominum de caelis	25 v.
[79]	Post euangelium	25 v.
[80]	Post ymnum	25 v.
[81]	[Post cantemus]	25 v.
[82]	Post ymnum triuum puerorum	25 v.
[83]	Post laudate dominum de caelis	25 v.
[84]	Post euangelium	26 r.
[85]	Item post euangelium	26 r.
[86]	Post ymnum	26 r.
[87]	De martyribus	26 r.
[88]	Post cantemus	26 v.
[89]	Post benedicite	26 v.
[90]	Post laudate dominum de caelis	26 v.
[91]	Super cantemus	26 v.
[92]	Super benedictionem trium puerorum ...	27 r.
[93]	Post laudat[e] dominum de caelis... ...	28 r.
[94]	Super cantemus domino	28 v.
[95]	Versiculi familiae Benchuir	30 r.
[96]	Collectio super hominem qui habet diabulum	30 v.
[97]	Oratio de martyribus	31 r.
[98]	Incipit antefano in natale domini super domine refugium. ad secunda[m]... ...	31 r.
[99]	Incipiunt antefani super cantemus et benedicite	31 v.
[100]	Super laudate dominum de caelis ...	32 r.
	[After one anthem under this title, there follow twelve untitled anthems, six of which are "super cantate domino," and six "super benedicite"]	32 r.
[101]	De martyribus	32 v.
[102]	Item alia de martyribus	32 v.
[103]	De martyribus	32 v.
[104]	De martyribus	32 v.
[105]	Super domine refugium in dominicorum die	32 v.
[106]	Item alia	32 v.
[107]	Item alia	32 v.
[108]	Alia co[ti]diana	32 v.
[109]	Ad commonicare	32 v.
[110]	Item alia	33 r.
[111]	Item alia	33 r.
[112]	Alia	33 r.
[113]	Item alia	33 r.
[114]	Item alia	33 r.
[115]	Item alia	33 r.
[116]	Ad uesperum et ad matutinam	33 r.
	[Gloria in Excelsis, followed by twelve anthems, several of which are generally found in the conclusion of Te Deum laudamus]	33 v.
[117]	Ad horas diei oratio commonis	34 r.
[118]	Oratio pro abbate nostro	34 r.
[119]	Common oroit dún	34 r.
[120]	Ad matutina[m]	34 v.
[121]	Ad horam nonam	34 v.
[122]	Ad secunda[m]	35 r.
[123]	Post laudate pueri dominum in dominicorum die	35 r.
[124]	De martyribus	35 r.
[125]	Item alia post laudate	35 v.
[126]	Item alia super laudate	35 v.
[127]	Ad ceream benedice[ndam]	36 r.
[128]	[Fragment of a "post laudate"]... ...	36 r.
[129]	[In] memoriam abbatum nostrorum ...	36 v.

THE ANTIPHONARY OF BANGOR.

in nomine dī summi
canticum moysi
Audite caeli quae loquor audiat
terra uerba oris mei. Concrescat
in pluuia doctrina mea. fluat
ros eloquium meum quasi imber
herbam quasi stillae super gr
quia nomen dni inuocabo d
ficentiam dō nō di perfecta
eius iudicia. audi
Ds fidelis et absque ulla inique
rectus peccauerunt ei n
dibus. audi. Generati
haecenne redd der
insipiens numquid
qui possedit et fe
Memento dierum
ones singula

[*Fol. 1 recto.*]

in nomine d*e*i summi

CANTICUM MOYSI.

Audite caeli quae loquor audiat
terra uerba oris mei. concrescat
in pluia doctrina mea fluat *
ros eloquium meum quasi imber *
herbam et quasi stillae super gr *
quia nomen d*omi*ni inuocabo d * *
ficentiam d*e*o n*ostr*o d*e*i perfecta * *
eius iudicia∴, audi*te*∴ * *
D*eu*s fidelis et absq*ue* ulla iniq * *
rectus peccauerunt ei * * *
dibus.., audi*te*∴, Generati * * *
haec enne red d des d * * *
insipiens numquid * * * *
qui possedit et fec * * * *
Memento dier * * * *
tio * is singula * * * * *
ti * tibi * * * * *
* * * * * * *
* * * * * * *
* * * * * * *
* * * * * * *
* * * * * * *
* * * * * * *
* * * * * * *

sicut aquila prouocans ad uolandum pullos suos
super eos uolitans expandit alas suas et ad
[su]mpsit eum ad ... portauit in humeris suis. au[di]
[dominus] solus dux eius fuit et non erat cum eo deus
... constituit eum super excelsam terram
... deret fructus agrorum et sugg[eret]
... oleum de saxo durissimo. audi
... mento et lac de ouibus cum adipe
... tum filiorum basan et hircos
... i et sanguinem uuae biberet
... audi
... tus et recalcitrauit in
... dilatatus et recessit
... unt eum in diis al[ienis]
... bus concitaue[runt]
... unt ... emo
... bant ...

& in ... iracu[ndiam] ...

[_Fol. 1 verso._]

Sicut aquila p_ro_uocans ad uolandum pullos suos
super eos ualitans[1] expandit alas suas et ad
* mpsit eum adq_ue_ portauit in humeris suis·.·, au_dite_
* solus dux eius fuit et non erat cum eo deus
* constituit eum super excelsam terram
* * deret fructus agrorum et suggeret
* * * a oleum de saxo durissimo.., audi_te_
* * * rmento et lac de ouibus cum adipe
* * * tum filiorum bassan et hircos
* * * et sanguinem uuae biberet
* * * audi_te_
* * * * tus et recalcitrauit in
* * * * diletatus[2] et recessit
* * * * * unt eum in diis ali
* * * * * us concitaue[3]
* * * * * * runt demo
* * * * * * bant * ui
* * * * * * *
* * * * * * *
* * * * * * *
* * * * * * *
* * * * * * *
* * * * * * *
* * * * * * *

1 An 'o' has been written subsequently over the second letter of 'ualitans.'

2 An 'a' has been written subsequently over the fourth letter of 'diletatus.'

3 On the right margin a later correcting hand has written the accidentally omitted words 'et in iracu[n]dia[m].'

aui

meam ab eis & considerabo nouissima eoru
Generatio enim peruersa est & infideles filii
ipsi me prouocauerunt inuanitatibus suis
& ego prouocabo eos in eo qui non est populus
& in gente stulta inritabo illos .,. audite
Ignis succensus est in furore meo & ardebit
usq· ad inferni nouissima deuorabit terram cum germine suo & montium funda-
menta cumburet .,. aui .,. Congregabo
super eos mala & sagittas meas conplebo
in eis consumentur fame & deuorabunt
eos aues amursu amarissimo dentes besti-
arum inmittam in eos cum furore trahen-
tium super terram adq· serpentium ..
Foris uastabit eos gladius & intus
iuuenem simul ac uirginem lac
homine sene .,. aud .,. Dixi
cert

au*dite*

meam ab eis et considerabo nouissima eoru*m* :· ,
Generatio enim peruersa est et infidelis filii
ipsi me p*ro*uocauerunt in uanitatibus suis
et ego p*ro*uocabo eos in eo qui non est populus
et in gente stulta inritabo illos . . , audite
IGnis succensus est in furore meo et ardebit
usq*ue* ad inferni nouissima deuorabit ter
ram cum germine suo et montium funda
menta cumburet . . , au*dite* : , Congregabo
super eos mala et sagittas meas conplebo
in eis consummentur fame et deuorabunt
eos aues a mursu amarissimo dentes besti
arum inmittam in eos con furore trahen
tium super terram adq*ue* serpentium . . *
Foris uastabit eos gladius et intus p *
iuuenem simul ac uirginem lac * *
homine sene . . , aud*ite* . . , Dixi * *
cessare * * * * * *

* * * * * * *
* * * * * * *
* * * * * * *
* * * * * * *
* * * * * * *
* * * * * * *

p uiderent quomodo persequatur unus
i mille & duo fugent decim milia ..., audi
Non ne ideo quia ds suus uendidit eos & dns con
clusit illos non enim est ds noster ut dii eoru
& inimici nostri sunt insensati ..., audi
De uinea sodomorum uinea eorum & ppag
eorum ex gomorra uua eorum uua fellis &
botrus amarissima · fel draconum uinum
eorum & uenenum aspedum insanabile ...,
Nonne haec condita sunt apud me & signata
in tesauris meis mea est ultio ego retribuam
in tempore ut labatur pes eorum ..., audi
Iuxta est dies perditionis & adesse festinant
tempora iudicabit dns populum suum & ser- in
uis miserebitur ..., audi ..., Uidebit quod
...it manus & clausi quoq· defecerun
...sumpti sunt & dicet ubinam sunt
... audi

pr*o*uiderent quomodo persequatur unus
mile[1] et duo fugent decim milia.., aud*ite*
Nonne ideo quia d*eu*s suus uendidit eos et d*omi*n*u*s con
clusit illos non enim est d*eu*s noster ut d*eu*s eoru*m*
et inimici nostri sunt insensati.., aud*ite*
De uinea sodomorum uinea eorum et pr*o*pago
eorum ex gomorra uua eorum uua fellis et
butrus amarissima fel draconum uinum
eorum et uenenum aspedum insanabile..,.[2]
Nonne haec condita sunt apud me et signata
in tesauris meis mea est ultio ego retribuam
in tempore ut labatur pes eorum.., aud*ite*
IUxta est dies perditionis et adesse festinant
* empora iudicabit d*omi*n*u*s populum suum et ser[3]
* is miserebitur.., aud*ite*.., UIdebit quod
* * sit manus et clausi quoq*ue* defecerunt
* * sumpti sunt et dicet ubinam sunt
* * * * * * aud*ite*
* * * * * * *
* * * * * * *
* * * * * * *
* * * * * * *
* * * * * * *
* * * * * * *

---

[1] A second '1' has been written on the left margin.
[2] The presence of this stop and the following capital letter, prove that an 'audite' has been accidentally omitted here.
[3] The word 'in' accidentally omitted before 'seruis' has been written *prima manu* on the right margin after and above the line.

percutiam & ego sanabo & non est qui de
manu mea possit eruere .. audi
Leuabo ad caelum manum meam & dicam
uiuo ego in aeternum & si acuero ut fulgor
gladium meum & arripuerit iudicium ma
nus mea reddam ultionem hostib: meis &
his qui oderunt me retribuam .. audi
Inebriabo sagittas meas sanguine & gla
dius meus deuorabit carnes de cruore
occisorum & de captiuitate nudati inimi
corum capitis .. audi .. Laudate gentes popu
lum eius quia sanguinem seruorum ulcis
cetur & uindictam retribuet in hostes eoru
& propitius erit terrae populi sui in saecul
ymnum sci hilari · saeculorum .. aud
de xpo ..
Ymnum dicat turba fr
ymnum cantus perso
xpo regi concinnent
laud
Audi d

percutiam et ego sanabo et non est qui de
manu mea possit eruere . . , aud*ite*
Leuabo ad caelum manum meam et dicam
uiuo ego in aeternum et si acuero ut fulgor
gladium meum et arripuerit iudicium ma
nus mea reddam ultionem hostib*us* meis. et
hiis qui oderunt me retribuam . . , aud*ite*
INebriabo sagittas meas sanguine et gla
dius meus deuorabit carnes de cruore
occissorum et de captiuitate nudati inimi
corum capitis.., aud*ite*∴ Laudate gentes popu
lum eius quia sanguinem seruorum ulcis
cetur et uindictam retribuet in hostes eoru*m*
et p*ro*pitius erit terrae populi sui in saecula
YMNU*M* S*AN*C*TI* HILARI saeculorum∴, aud*ite*
DE *CHRIST*O

Ymnum dicat turba fr * *
ymnum cantus person * *
*christ*o regi concinnent[1] * *
laud * * * * *
Tu d*e*i d * * * * *
* * * * * *
* * * * * *
* * * * * *

[1] An 'a' has been subsequently written over the 'e' in this word, and a dot placed beneath it.

Dextra patris mons et agnus
angularis tu lapis
sponsus idem uel columba
flamma pastor ianua.
In profetis inueniris
nostro natus saeculo
ante saecla tu fuisti
factor primi saeculi
Factor caeli terrae factor
congregator tu maris
omniumque tu creator
quae pater nasci iubet
Uirginis receptus membris
abrihelis nuntio
escit aluus prole sca.
nemur credere
uisam.
am

Tum iubet paruos necari
turba fecit martirum
fertur infans occulendus
nili flumen quo fluit
Qui refertur post herodem
nutriendus nazareth
multa paruus multa adultus
signa fecit caelitus
Quae latent et quae leguntur
coram multis testibus
praedicans caeleste regnum
dicta factis adprobat
Debiles fecit uirere
caecos luce inluminat
uerbis purgat leprae morbum
mortuos resuscitat.
Uinum quod deerat idriis
motari aquam iubet
nuptis mero rebrias
e populo
e bina

[*Fol. 3 verso.*]

Dextra patris mons et agnus
angularis tu lapis
sponsus idem uel colu*m*ba
flamma pastor ianua :·
IN profetis inueniris
nostro natus saeculo
ante saecla tu fuisti
factor primi saeculi
Factor caeli terræ factor.
congregator tu maris
omniumq*ue* tu creator
quae pater nasci iubet
UIRginis receptus membris.
gabrihelis nuntio
* escit aluus p*r*ole s*anct*a
* * emur credere
* * * uisam.
* * * am
* * * ti
* * * *
* * * *
* * * *
* * * *
* * * *

Tum iubet paruos necari
turba*m* fecit martirum
fertur infans occulendus
nili flumen quo fluit
Qui refertur post herode*m*
nutriendus nazareth
multa paruus multa adultus
signa fecit caelitus :·
Quæ latent et quæ leguntur
cora*m* multis testibus
prædicans cæleste regnu*m*
dicta factis adp*ro*bat
Debiles fecit uigere
cæcos luce inluminat
uerbis purgat lepræ mor/bu*m*
mortuos resuscitat.
UINu*m* quod deerat idris
motari aquam iubet
nuptis mero retentis
* * o populo
* * * e bino
* * * lia
* * * *
* * * *

turba ex omni discumbente
iugem laudem pertulit
duodecim uiros probauit
per quos uita discitur
ex quibus unus inuenitur
christi iudas traditor
instruuntur missi ab anna
proditoris osculo
innocens captus tenetur
nec repugnans ducitur
sistitur falsis grauatur
offerentes pontio
dicenentes christum negandum
turbis ser traditur
impius uerbis grauatur
sputa flagra sustinet
scandere cruce iubetur
innocens pro noxiis
morte carnis qua gerebat
mortem uicit omnium
Tum deum clamore magno
[illegible] eundem innocentem
[illegible]

uela templi scissa pendunt
nox obscurat saeculum
excitantur de sepulchris
dudum clausa corpora
Adfuit ioseph beatus
corpus mirra perlitum
linteo nudi ligatum
cum dolore condidit
Milites seruare corpus
anna princeps praecipit
ut uideret si probaret
christus quod spoponderat
Angelum dei uidentes
ueste amictum candida
quo candore claritatis
uellus uicit siricum
demouit saxum sepulchro
surgens christus integer
haec uidit iudaea mendax
haec negat cum uiderit
[illegible] monumento [illegible]

Turba ex omni discumbente
iugem laudem pertulit
duodecim uiros pr*o*bauit
per quos uita discitur
Ex quib*us* unus inuenitur
*christ*i iuda[1] traditur
instruntur[2] misi ab anna
pr*o*ditoris osculo
INnocens captus tenetur
nec repugnans ducitur
sistitur falsis grasatur
offerentes pontio[3]
Dicerent *christu*m negandu*m*
turbis s*anctu*s traditur
impiis uerbis grasatur
sputa flagra sustinet
Scandere cruce*m* iubetur
innocens pro noxis[4]
morte carnis qua*m* gerebat
mortem uicit omnium
Tum d*eu*m clamore magno
* em pendens inuocat
* * membra *christ*i
* * * a

dunt
Uela templi scisa pen
nox obscurat saeculu*m*
excitantur de sepulchris
dudu*m* clausa corpora
Adfuit ioseph beatus
corpus mirra perlitum
linteo rudi ligatum
cu*m* dolore condidit
Milites seruare corpus
anna princeps praecipit
ut uideret si pr*o*baret
*christu*s quod spoponderat
Angelum d*e*i trementes
ueste amictu*m* candida
quo candore claritatis
uellus uicit siricum ..
Demouit saxum sepulchro
surgens *christu*s intiger
haec uidit iudea mendax
haec negat cum uideret
F * rimum monent *
* * * *
* * * *
* * * *

---

1 After and above the 'a' in 'iuda' the letter 's' has been added.

2 The letter 'e' has been written afterwards over the 'un' in 'instruntur.'

3 The mark between two points, like an A with the cross stroke lengthened at both ends, prefixed to this line on the margin of the MS., has not been found elsewhere, but it calls attention to the accidental omission of a verse.

4 After 'noxis,' 'morte' is erased.

Seq: amonitus paterna
suscitatum de terra
tertia die redisse
nuntiat apostolis

Mox videtur a beatis
quos probavit fratribus
quo redisse ambigentibus
intrat ianuis clausis

Dat docens praecepta legis
dat divinum spiritum
spiritum dei perfectum
trinitatis vinculum

Praecepit totum per orbem
baptizari credulos
nomen patris invocantes
confitentes filium

Mistica fide revelat
tinctos sancto spiritu
fonte tinctos innovatos
filios factos dei.

Ante lucem turba...
Concin...

Galli cantus galli plausus
proximum sentit diem
nos canentes et precantes
quae futura credimus

Maiestatem que inmensam
concinnemus iugiter.
Ante lucem nuntiemus
Christum regem saeculo

Ante lucem nuntiemus
Christum regem saeculo
qui in illum recte credunt
regnaturi cum eo

Gloria patri ingenito
gloria unigenito
simul cum sancto spiritu
in sempiterna saecula

Ymnum apostolorum

Praecamur patrem
regem omnipotentem
et Iesum Christum ...
sanctum quoque spiritum. alle
Deum in una ...
perfectum s...
trinum ...

Seq*ue* a mortuis paterna
suscitatum dextera
tertia die redisse
nuntiat apostolis
Mox uidetur a beatis
quos p*ro*bauit fratribus
quod redisset ambigentes
intrat ianuis clausis
Dat docens praecepta legis.
dat diuinum sp*iritu*m
spiritu*m* d*e*i perfectum
trinitatis uinculum
Præcipit totu*m* per orbe*m*
baptizari credulos
nomen patris inuocantes
confitentes filium
Mistica fide reuelat
tinctos sancto spiritu
fonte tinctos innouatos
filios factos d*e*i
ANte lucem turba *
concin * * *
* * * *
* * * *
* * * *

Galli cantus galli plausus
proximum sentet diem
nos canentes et praecantes
quae futura credimus
Maiestate*m*q*ue* inmensam
concinnemus uniter
ante luce*m* nuntiemus
*christu*m regem saeculo :· —
Ante lucem nuntiemus
*christu*m regem saeculo
qui in illum rectæ credunt
regnaturi cum eo . . ,
Gloria patri ingenito
gloria unigenito
simul cum s*a*n*ct*o spiritu
in sempiterna saecula·.·—

YMNUM APOSTOLORU*M*

Praecamur patrem
rege*m* omnipotente*m*
et ih*esu*m *christu*m UT ALII
s*anctu*m quoque sp*iritu*m:. alle*luia*
D*eu*m in una DICUNT
perfectum s * *
trinum * * *
* * * *

Affluens fo[illegible]ium
fons et iubar luminum
aeth ereonum
et orbi locentium
Hic enim dies
ver[illegible] ut primo conditur
caeli ab arce
mundi molimi cum
Sic verbum caro
factum a principio
lumen aeter num
missum patre saeculo
Ille quae proto
vires adimens cavo
tum in proviso
noctem pepulit mundo
Ita veterno
iste hoste subacto
polum prodoso
solvit morti suvinculo
Tenebrae super
ante erant abissum
[illegible]am radiant
[illegible]ur dies divinum

Hos quam prodiret
vera lux mortalia
contexit alta
conda ignorantia
Eodem die
rubrum ut aiunt mare
post ergum liquit
liberatur israhel
Per hoc docemur
mundi actas spernere
et in deserto
virtutum consistere
Summo christo servo
cincni canunt aemulo
certatim deo
laudes duci igneo
Sic et nos
nequam iubemur fretis
laudare dominum
explosis inimicis
Et sicut ille
lucis fit initium
ita [illegible]
salute[illegible]

[*Fol. 5 recto.*]

Uniuersorum
fontis iubar lumin*um*
aethereorum
et orbi locentium
Hic enim dies
uelut primogenitus
caeli ab arce
mundi moli micuit
Sic uerbum caro
factum a principio
lumen aeternum
misum patre saeculo
Illeq*ue* proto
uires adimens cauo
tum inprouiso
noctem pepulit mundo
Ita ueterno
iste hoste subacto
polump nodoso
soluit mortis uinculo
Tenebrae super
ante erant abisum
* am radiaret
* us dies dierum

Hoc quam prodiret
uera lux mortalia
contexit alta
corda ignorantia
Eodem die
rubru*m* ut aiunt mare
post ergum liquit
liberatus israhel
Per hoc docemur
mundi acta spernere
et in deserto
uirtutum consistere
Summerso seuo
cincri canunt aemulo
certatim d*e*o
laudes duci igneo
Sicq*ue* erepti
nequam iubemur fretis
laudare d*eu*m
explosis inimicis
Et sicut ille
lucis fit initium
ita et iste
salutis exordium

5.V.

Locquatur primus
in tinore diei
secundus uero
in calore fidei
In fine mundi
post tanta misteria
adest saluator
cum grandi clementia
Iam que apertae
elementa praetenduit
quam natum hora
lucide concelebant
Natus ut homo
mortali in tegmine
non deest caelo
manens in trinitate
Uagit in pannis
ueneratur a magis
fulget in stellis
adoratur in caelis
Statura uili
continetur praesepi
cuius pugillo
potest orbis concludi
Primumque signum
portendit discipulis

[illegible] aquae [illegible] conuersae
in sapore nectaris
Tum per prophe[illegible]tam
completur ut dictum
salit et claudus
ut ceruus perenni [illegible]
Planaque fatur
absoluto uinculo
lingua muto[illegible]num
imperante domino
Surdis [illegible]ntur
caeci adque lepsi
fun[illegible]enetroso
suscitantur mortui
Totidem panes
quinque diuidit uiris
saturantur
procul dubio milibus
Post tantas moles
diuinae clementiae
exosus ille
stimulo inuidiae
[illegible]uiuidene
et odine animam
pro inimicis
pro notan[illegible]

Loquatur primus
in tinore diei
secundus uero
in calore fidei
IN fine mundi
post tanta misteria
adest saluator
cum gr [1]ndi clementia
Tamq*ue* apertae
elementa praetendunt
quam uatum hora
lucide concelebant[2]
Natus ut homo
mortali in tegmine
non deest caelo /te
manens in trinita
Uagit in pannis
ueneratur a magis
fulget in stellis
adoratur in caelis
Statura uili
continetur praesepi
cuius pugillo
potest orbis concludi
Primumq*ue* signum
portendit discipulis
aquae conuersae
in sapore nectaris
Tum per p*ro*fetam
conpletur ut diictum
saliet claudus
ut ceruus perniciter
Planaq*ue* fatur
absoluto uinculo
lingua mutorum
imperante d*omi*no
Surdi sanantur
cæci adq*ue* lep*ro*si
funere troso
suscitantur mortui
Totidem panes
quinq*ue* diuidit uiru*m*
saturaturis
proculdubio milibus
Post tantas moles
diuinae clementiae
exosus ille
stimulo inuidiae
Qui inuidere
et odire animam
pro inimicis
prorogans

---

[1] A slanting stroke above this space calls attention to the facts that a letter has been erased, and an 'a' has been written, under a similar slanting stroke, *prima manu* on the left margin.

[2] A slanting stroke has been written over and between the 'b' and 'a' in this word, and an 'r' has been written under a similar slanting stroke by an early correcting hand on the right margin.

Aduersus eum
initur consilium
qui magni dicitur
consilii est nuntius
Accedunt ei
ut latroni cum gladiis
furem aeternis
tradit uno aestibus
Tandem humano
traditur iudicio
mortali et e n̄
damnatur per pe tuur
Cruci confixus ter
polum mire concu
lumenque solis
tenebris obtonditoris
Saxa rumpuntur
uelum scinditur templi
uiui consurgunt
de sepulchris mortui
Cor nostrum nodis
annos fere milibus
extricat renis
ferri feralibus
... to plaustrum
... osa soboli
abiectam ali monte
sed ua ultimi ce...
Quem que antiquum
paradiso incolam
recursu suo
clementer restituit
Exaltans caput
uniuersi corporis
in trinitate
locauit aecclesiae
Hoc caelitus
iubet portas principes
regi cum sociis
aeternales pandere
Errantem propriis
eui cheris certissimam
superius ouem
humeris ouilibus
Quem expectamus
ad futurum iudicem
iustum cuique
opus suum reddere
Rogo quam tanter
talibus quae donaris
uicem condigne
possumus rependere

ADuersus eum
initur consilium
qui magni dictus
consilii est nuntius
Accedunt ei
ut latroni cum gladis
furem aeternis
tradituro aestibus
Tandem humano
traditur iudicio
mortali ege[1] /tuus
dampnatur perpe
CRuci confixus /tit
polum mire concu
lumenq*ue* solis
tribus obtondit oris
Saxa rumpuntur
uelum scinditur templi
uiui consurgunt
de sepulchris mortui
Conrosum nodis
annos fere milibus
extrecat senis
inferi feralibus
* p*ro*toplaustum
* osa soboli

abiecta mali morte
seua ultrice..,
Quemq*ue* antiquum
paradiso incolam
recursu suo
clementer restituit
EXaltans caput
uniuersi corporis
in trinitate
locauit aecclesiae
IN hoc caelitus
iubet portas principes
regi cum socis[2]
aeternales pandere
ERrantem propris
euichens centissimam
supernis ouem
humeris ouilibus[3]
Quem expectamus
adfuturum iudicem
iustum cuique
opus suum reddere
Rogo quam tantes[4]
talibusque donaris
uicem condigne
possumus rependere

---

[1] The letter 'l' before 'ege' has been erased, and an 'r' under three points has been written on the right margin by an early correcting hand.

[2] A second 'i' has been subsequently written over 'socis.'

[3] The accent over the first syllable of 'ouilibus' was probably intended to be placed over the 'i' of 'humeris.'

[4] A slanting stroke has been placed over the 'e' in 'tantes,' and an 'i' beneath a slanting stroke has been written on the right margin.

Quid tam mortales
temptamus ingnologi
narrare queunt
quae nullus edicere
Solum oramus
hoc idemq: maximum
nostri aeternae
miserere dne alle
& sci zachariae
Benedictus dns ds
isrl. quia uisitauit
& fecit redemptione
plebis suae & erexit
cornu salutis nobis in
domu dauid pueri sui
Sicut locutus est per
os scorum p pheta
rum suorum qui a
b eo sunt. & liberabit
nos ab inimicis nos
tris & de manu om
nium qui nos oderunt
Ad faciendam mise
ricordiam cum
patribus nostris.

& memorare testa
menti sci sui
Ius iurandum quod
iurauit ad abra
ham patrem nrm
daturum se nobis
Ut sine timore de ma
nibus inimicorum
nostrorum liberati
seruiamus illi in
scitate & iustitia
coram ipso omnibus
diebus nostris
Et tu puer p pheta
altissimi uocaberis
praeibis enim ante
faciem dni parare
uias eius
Ad dandam scientia
salutis plebi eius in
re missionem
peccatorum eorum
Per uiscera miseri
cordiae di nostri
in quibus

Quid tam mortales
temptamus migrologi
narrare queuit
quae nullus edicere :· ,
Solum oramus
hoc idemq*ue* maximu*m*
nostri aeternae
miserere d*omi*ne.., alle*luia*

BENEDICTIO[1] S*A*NCTI ZACHARIAE

Benedictus d*omi*n*u*s d*eu*s
isr*ahe*l quia uisitauit
et fecit redemptione*m*
plebis suae et erexit
cornu salutis nobis in
domu dauid pueri sui :· ,
Sicut loqutus est per
os s*anct*orum p*ro*pheta
rum suorum qui a[2]
b eo sunt et liberabit
nos ab inimicis nos
tris et de manu om
nium qui nos oderunt :· ,
AD faciendam mise
ricordiam cum
patribus nostris
et memorari testa
menti s*anct*i sui..,
Iusiurandum quod
iurauit ad abra
ham patrem n*ostru*m
daturum se nobis :· ,
UT sine timore de ma
nibus inimicorum
nostrorum libera
ti seruiamus illi in
s*anct*itate et iustitia
coram ipso omnibus
diebus nostris..,_
ET tu puer p*ro*pheta
altissimi uocaberis
præibis enim ante
faciem d*omi*ni parare
uias eius..,
AD dandam scientia*m*
salutis plebi eius in
remisionem
peccatoru*m* meorum..,
Per uiscera miseri
cordiae d*e*i nos *
in quibus[3]

---

[1] We have expanded 'b' into 'benedictio,' but we have not found any title except 'Canticum' (Rom., Moz., Ambros.), and 'Prophetia' (Gallican) for this Canticle in Western Service books. In the Greek Horologion it is entitled *Προσευχὴ Ζαχαρίου.*

[2] The letter 'h' has been erased before 'ab.'

[3] As the 'Canticum Zachariae" breaks off here, and is resumed on fol. 10 recto, it is evident that three leaves of the MS. between fol. 6 and fol. 10 are misplaced.

canticum

Cantemus dño gloriose enim hono
nificatus est aequum et ascenso
rem proiecit inmare adiutor
et protector fuit mihi in salutem:
hic ds meus et honorificabo eum
dns conterens bella dns nomen
est illi

ds patris mei et exultabo eum

Currus faraonis et exercitum eius
proiecit inmare electos ascen
sores ternos stratores demer
sit in rubrum mare::
Pelago cooperuit eos deuenerunt
in profundum tamquam lapis
dextera tua dñe glorificata
est in uirtute dextera manus
tua dñe confringet inimicos:
Et per multitudinẽ maiestatis
tuae

CANTICUM

CANtemus d*omi*no gloriosæ enim hono
rificatus est aequum et ascenso
rem proiecit in mare adiutor
et protector fuit mihi in salutem :·
Hic d*eu*s meus et honorificabo eum[1]
d*omi*n*u*s conterens bella d*omi*n*u*s nomen
est illi . . ,
Currus faraonis et exercitum eius
proiecit in mare electos ascen
sores ternos stratores demer
sit in rubrum mare :·
Pylago cooperuit eos deuenerunt
in profundum tamquam lapis
dextera tua d*omi*ne glorificata
est in uirtute dextera manus
tua d*omi*ne confringet inimicos :·
ETper multitudine*m* maiestatis
/tuæ

[1] These six words, 'd*eu*s patris mei et exultabo eum,' accidentally omitted in the text after 'eum,' have been subsequently written in a small contemporaneous hand-writing on the right margin in an irregularly shaped dotted framework.

Contriuisti aduersarios misisti iram
tuam et comedit eos tamquam stipulam
Et per spm iracundiae tuae diuisa
est aqua gelauerunt tamquam
murus aquae gelauerunt fluctus
in medio maris
Dixit inimicus persequens conprae
hendam partibor spolia reple
bo animam meam interficiam gla
dio meo dominabitur manus mea
Misisti spm tuum et cooperuit eos
mare merserunt tamquam plum
bum in aqua ualidissima
Quis similis tibi in diis dne quis simi
lis tibi gloriosus in scis mirabilis
in maiestatibus faciens prodigia
Extendisti dexteram tuam

contriuisti aduersarios misisti ira*m*
tuam et comedit eos ta*m*qua*m* stipula*m* :·
ETper sp*iritu*m iraecundiae tuae diuisa
est aqua gylauerunt tamquam
muros aquae gylauerunt fluctus
in medio mari . . ,
Dixit inimicus persequens conprae
hendam partibor spolia reple
bo animam meam interficiam gla
dio meo dominabitur manus mea :·
Misisti sp*iritu*m tuum et cooperuit eos
mare merserunt tamquam plum
bum in aqua ualidissima . . ,
Quis similis tibi in diis d*omi*ne quis simi
lis tibi gloriosus in s*an*c*t*is mirabiles
in maiestatibus faciens p*ro*digia :·
Extendisti dexteram tuam

& deuorauit eos terra. Guber
nasti iustitiam tuam populo tuo
hunc quem liberasti ::
Exortatus es in uirtute tua in re
frigerio sco tuo audierunt gentes
& iratae sunt dolores conpraehen
derunt inhabitantes filistim ...
Tunc festinauerunt duces edom.
& principes mohabitanum ad
praehendit eos timor. tabuerunt
omnes inhabitantes chanaan ...
Decidat super eos timor & tremor
magnitudinis brachii tui. fiant
tam quam lapis donec transeat
populus tuus dñe usq: dum tran
seat populus tuus hunc quem dñe
liberasti ...

et deuorauit eos terra. guber
nasti iustitiam tuam populo tuo
hunc quem liberasti :·
Exortatus es in uirtute tua in re
frigerio s*an*ct*o* tuo audierunt gentes
et iratae sunt dolores conpraehen
derunt inhabitantes filistim . . ,
Tunc festinauerunt duces edom
et principes mohabitarum ad
praehendit eos timor. tabuerunt
omnes inhabitantes channan . . . ,
Decidat super eos timor et tremor
magnitudinis brachi tui. fiant
tamquam lapis donec transeat
populus tuus d*omi*ne usq*ue* dum tran
seat populus tuus[1] hunc quem
liberasti . . ,

[1] A point has been placed between 'tuus' and 'hunc,' and a slanting stroke, with a point above it, has been placed above the line, and the word 'd*omi*ne,' with a slanting stroke above it, has been written on the right margin by an early correcting hand.

Induces plantans eos in montem here
ditatis tuae in praeparata habi
tationis tuae. quod praeparasti
dne scimonium tuum dne quod
praeparauerunt manus tuae.
Dne tu regnas in aeternum et in sae
culum saeculi et adhuc quoniam
intrauit aequitatus faraonis
cum curribus et ascensoribus in
mare et induxit dns super eos
aquas maris filii autem israhel habi
erunt per siccum per medium mare
benedictio puerorum
Benedicite omnia opera dni
dnm ymnum dicite et super
exaltate eum in saecula
Et caeli dnm dno ymnum

INduces plantans eos in montem here
ditatis tuae in praeparata habi
tationis tuae. quod praeparasti
d*omi*ne s*anct*imonium tuum d*omi*ne quod
praeparauerunt manus tuae :·
D*omi*ne tu regnas in aeternum et in sae
culum saeculi et adhuc quoniam
intrauit aequitatus faraonis
cum curribus et ascensoribus in
mare et induxit d*omin*u*s* super eos
aquas maris filii *autem* israhel habi
erunt per siccum per medium
mare :· ,

BENEDICTIO PUERORUM[1]

Benedicite omnia opera d*omi*ni
d*omin*u*m* ymnum dicite et super
exaltate eum in saecula
b*enedicite* caeli d*omi*ni d*omin*u*m* ymnum

[1] Some alteration of this title has begun to be written, without being finished, over the 'P' of 'PUERORUM.' The usual title is 'canticum trium puerorum.'

b angeli dni dnm ymnum d
b aquae omnes super caelos dnm y
b omnis potentias dni dnm ym
b sol & luna dnm ym
b stellae caeli dni dnm ym
b imber & ros dnm ym
b omnis sps dnm ym
b ignis & calor dnm ym
b noctes & dies dnm ym
b tenebrae & lumen dnm ym
b frigus & aestas dnm ym
b pruina & niues dnm ym
b fulgora & nubes dnm ym
b dicat terra dnm ymnum
dicat & super exaltat eum in sae
b montes & colles dnm ym
b omnia nascentia terrae dnm ym

[*Fol. 9 recto.*]

b*enedicite* angeli d*omi*ni d*omi*n*u*m ymnu*m* d*icite*

b*enedicite* aquae omnes super caelos d*omi*n*u*m y*mnum*

b*enedicite* omnis potentias d*omi*ni d*omi*n*u*m ym*num*

b*enedicite* sol et luna d*omi*n*u*m ym*num*

b*enedicite* stellae caeli d*omi*ni d*omi*n*u*m ym*num*

b*enedicite* ymber et ros d*omi*n*u*m ym*num*

b*enedicite* omnis sp*iritu*s d*omi*n*u*m ym*num*

b*enedicite* ignis et calor d*omi*n*u*m ym*num*

b*enedicite* noctes et dies d*omi*n*u*m ym*num*

b*enedicite* tenebrae et lumen d*omi*n*u*m ym*num*

b*enedicite* frigus et aestas d*omi*n*u*m ym*num*

b*enedicite* pruina et niues d*omi*n*u*m ym*num*

b*enedicite* fulgora et nubes d*omi*n*u*m ym*num*

b*ene* dicat terra d*omi*n*u*m ymnum

dicat et superexaltat eum in sæ*cula*

b*enedicite* montes et colles d*omi*n*u*m ym*num*

b*enedicite* omnia nascentia terrae d*omi*n*u*m ym*num*

b maria & flumina dnm ẏm
b fontes aquarum dnm ẏm
b bilue & omnia quae mo
uentur in aquis dnm ẏm
b omnes uolucres caeli dnm ẏm
b bestiae & iumenta dnm ẏm
b israhelite dnm ẏm
b filii hominum dnm ẏm
b sacerdotes dni dnm ẏm
b serui dni dnm ẏm
b spr & animae iustorum dnm ẏm
b sci & humiles corde dnm ẏm
b annanias azarias misael dnm ẏm
benedicamus patrem & filium
& spm scm dnm ẏmnum dicamus
& super exaltemus eum in saecula.

[*Fol. 9 verso.*]

b*enedicite* maria et flumina d*omi*n*u*m ym*num*

b*enedicite* fontes aquarum d*omi*n*u*m ym*num*

b*enedicite* bilue et omnia quae mo

uentur in aquis d*omi*n*u*m ym*num*

b*enedicite* omnes uolucres caeli d*omi*n*u*m ym*num*

b*enedicite* bestiæ et iumenta d*omi*n*u*m ym*num*

b*enedicite* israhelite d*omi*n*u*m ym*num*

b*enedicite* filii hominum d*omi*n*u*m ym*num*

b*enedicite* sacerdotes d*omi*ni d*omi*n*u*m ym*num*

b*enedicite* serui d*omi*ni d*omi*n*u*m ym*num*

b*enedicite* sp*iritu*s et animae iustorum d*omi*n*u*m ym*num*

b*enedicite* s*an*ct*i* et humiles corde d*omi*n*u*m ym*num*

b*enedicite* annanias azarias misael[1] d*omi*n*u*m ym*num*

benedicamus patrem et filium

et sp*iritu*m s*an*ct*u*m d*omi*n*u*m ymnum dicamus

et superexaltemus eum in saecula :· ,[2]

---

[1] A small 'h' has been written *prima manu* above and between the fourth and fifth letters of 'misael' and a point has been placed in a corresponding position below the line.

[2] The apparently erased line at the bottom of this page is only the last line of fol. 9 recto shewing through the skin.

nos:
uisitauit oriens ex alto ::
Illuminare his qui
in tenebris et um
bra mortis sedent
ad dirigendos pe
des nostros in uiam
pacis ::

Puer autem crescebat
et confortabatur
in spiritu et erat in deser
tis usque ad diem osten
sionis suae ad Israhel ::

ymnum in die dominica

Laudate pueri dominum
laudate nomen
domini. te deum laudamus
te dominum confitemur ::

Te aeternum patrem
omnis terra uenera
tur. tibi omnes an
geli tibi caeli et uniuer
sae potestates ::

Tibi hirubin et seraphin
phin incessabili
uoce proclamant
sanctus sanctus sanctus dominus deus
sabaoth.

Pleni sunt caeli et
uniuersa terra
honore gloriae tuae ::

Te gloriosus aposto
lorum chorus te
prophetarum lau
dabilis numerus ::

Te martyrum candi
datus laudat exer
citus. te per orbem
terrarum sancta con
fitetur aecclesia ::

Patrem inmensae
maiestatis uene
randum tuum ue
rum unigenitum
filium ::

uisitauit[1] oriens ex alto :·
INluminare hiis qui
in tenebris et um
bra mortis sedent
ad dirigendos pe
des nostros in uiam
pacis . . ,
Puer *autem* crescebat
et confortabatur
in sp*irit*u et erat in deser
tis usq*ue* ad diem osten
sionis suae et isr*ahe*l :· ,

YMNU*M* IN DIE DOMINICA

Laudate pueri d*omi*n*u*m
laudate nomen
d*omi*ni. te d*eu*m laudamus
te d*omi*n*u*m confitemur :·
Te aeternum patre*m*
omnis terra uenera
tur. tibi omnes an
geli tibi caeli. et uniuer
sae potestates . . ,

Tibi hirubin et syra
phin incessabili
uoce p*ro*clamant
s*anct*u*s* s*anct*u*s* s*anct*u*s* d*omi*n*us* d*eus*
sabaoth . ,
Pleni sunt caeli et
uniuersa terra
honore gloriæ tuæ :·
Te gloriosus aposto
lorum chorus. te
p*ro*phetarum lau
dabilis numerus :·
Te martyrum candi
datus laudet exer
citus. te per orbe*m*
terrarum s*anct*a con
fitetur aecclesia :·
Patrem inmensae
maiestatis. uene
randum tuum ue
rum unigenitum
filium . . ,

---

[1] The word 'nos' has been added above the line followed by two points placed colon-wise (:), and two similar points have been placed between 'uisitauit' and 'oriens.'

This is a continuation of the Canticum Zachariae from fol. 6 verso.

Scm quoq: paracli
tum spm. Tu rex
gloriae xpe.
Tu patris semp(er)ter
nus filius. Tu ad
liberandum mun
dum suscepisti hominē.
Non horruisti uirgi
nis uterum. Tu de
uicto mortis aculeo
aperuisti credenti
bus regna caelorum
Tu ad dexteram dī
sedens in glo(ria) patris.
iudex crederis esse
uenturus.
Te ergo quaesumus
nobis tuis famulis
subueni quos preti
oso sanguinem
redimisti.
aeternam fac cum
scis gloriae mune
rari

Saluum fac populum
tuum dne et benedic
hereditati tuae.
Et rege eos et extol
le illos usq: in saeculu(m)
Per singulos dies
benedicimus te. Et
laudamus nomen
tuum in aeternum
et in saeculum saeculi
amen.
Fiat dne misericor
dia tua super nos
quem ad modum
sperauimus in te.
ymnū quando co
Sancti uenite xpi cor
pus sumite. scm
bibentes quo re
dempti sanguine.
Saluati xpi corpore
et sanguine a quo
refecti laudes di
camus dō.

[*Fol.* 10 *verso.*]

S*a*nct*u*m quoq*ue* paracli
tum sp*iritu*m. tu rex
gloriae *christ*e . . ,
Tu patris sempiter
nus[1] filius. tu ad
liberandum mun
dum suscepisti homine*m* :·
Non horruisti uirgi
nis uterum. tu de
uicto mortis aculeo
aperuisti credenti
bus regna caelorum
Tu ad dexteram d*e*i
sedens in glo[2] patris.
iudex crederis esse
uenturus . . ,
Te ergo quessumus
nobis tuis famulis
subueni quos præ
tioso sanguinem
redimisti . . ,
Æternam fac cum
s*a*nct*i*s gloriae mune
rari

Saluum fac populum
tuum d*omi*ne[3] et benedic
hereditati tuae.
et rege eos et extol
le illos usq*ue* in saeculu*m* :· ,
Per singulos dies
benedicimus te. et
laudamus nomen
tuum in aeternum
et in saeculum saeculi
amen . ,
Fiat d*omi*ne misericor
dia tua super nos
quemadmodum
sperauimus in te :· ,

YMNU*M* QUANDO

COM MO NICA RENT SA CER DO TES

S*a*nct*i* uenite *christ*i cor
pus sumite. s*a*nct*u*m
bibentes quo re
dempti sanguine :· ,
Saluati *christ*i corpore
et sanguine a quo
refecti laudes di
camus d*e*o . . . ,

---

[1] Two short slanting strokes above and after this word call attention to the word 'es' which has been added in by contemporary hand on the left margin with two similar strokes above it.

[2] A point has been placed after 'glo,' and the letters 'ria' followed by a point have been written by a contemporary hand above and after 'glo.'

[3] Two groups of three points are written after 'domine,' one group above, one group below the line. It is not obvious why they are placed here. A transposition of verses takes place at this verse in some early MSS. of this Canticle, but to mark this the points should have been placed after 'munerari.' See Julian's *Dict. of Hymnology*, p. 1,120.

Hoc sacramento
corporis et san
guinis omnes ex
uti ab inferni
faucibus

Dator salutis xps
filius di mundum
saluauit per cru
cem et sanguinem

Pro uniuersis immo
latus dns ipse sa
cerdos existit
et hostia

Lege praeceptu
immolari hosti
as qua adumbran
tur diuina misteria

Lucis indultor et
saluator omnium
praeclaram scis
largitus est gratia

Accedunt omnes pu
ra mente creduli
sumant aeternam
salutis custodiam

Scorum custos rector
quoque dns uitae per
ennis largitur cre
dentibus

Caelestem panem dat
esurientibus de fonte
uiuo praeb et sitientib

Alfa et ω ipse xps dns
uenit uenturus
iudicare homines

Ymnum quando
caeria benedicitur

Ignis creator igneus
lumen donator luminis
uitaque uitae conditor
dator salutis et salus

Ne noctis huius gaudia
uigil lucerna deserat
qui hominem non uis mori
da nostris lumen pectoribus

Ex aegipto migrantibus
indulges gemina gratia
nubis uelamen exib
Nocturnum
lumen porrigis

Hoc sacromento
corporis et san
guinis omnes ex
uti ab inferni
faucibus . . ,
Dator salutis *christus*
filius d*e*i mundum
saluauit per cru
cem et sanguinem :·
P*ro* uniuersis immo
latus d*ominus*. ipse sa
cerdos existit
et hostia . . ,
Lege praeceptu*m*
immolari hosti
as. qua adumbran
tur diuina misteria :·
LUcis indultor et
saluator omnium
praeclaram s*anct*is
largitus est gratia*m* :·
Accedunt omnes pu
ra mente creduli
sumant aeternam
salutis custodiam :·

S*anct*orum custos rector
quoq*ue* d*ominus* uitae per
ennis largitur cre
dentibus . . ,
Caelestem panem dat
esurientibus de fonte
uiuo praebet sitientibus.
Alfa et ω ipse *christus* d*ominus*
uenit uenturus
iudicare homines . . . ,

YMNUM QUANDO
CAERIA B*EN*EDICITUR·,·

IGnis creator igneus
lumen donator luminis
uitaq*ue* uitæ conditor
dator salutis et salus
Ne noctis huius gaudia
uigel lucerna deserat
qui homine*m* non uis mori
da nostro lumen pecturi
EX aegypto migrantibus
indulges gemina*m* gratia*m*
nubis uelamen exibes
nocturnum
lumen porregis

Nubis columpna per diem
venientem plebem protegis
ignis columna ad vesperum
noctem depellis lumine
E flamma famulum provocas
rubum non spernis spineam
et cum sis ignis concremans
non uris quod inluminas
Fuco depasto nubilo
tempus decoctis sundibus
ferventes sco spu
carnem lucere ceream
Secretis iam condis favi
divini mellis alitus
cordis repertas intimas
verbo replesti cellolas
Examen ut foetus novi
ore praelectum spu
relectum caelum sarcinis
querat securis pinnulis
Gloria patri ingenito
Gloria unigenito
simul cum sco spu
in sempiterna saecula

ymnus mediae noctis

Mediae noctis
tempus est
prophetica vox
admonet dica
mus laudes ut do
patri semper
ac filio
Sco quoque spiritui
perfecta enim
trinitas uniusque
substantiae lau
danda nobis semper est
Terrorem tempus
hoc habet quo
cum vastator an
gelus aegypto
mortem intulit
delevit primogenita
Haec iustis hora
salus est et quos
idem tunc angelus
ausus punire non
erat signum for
midans sanguinis

Nubis columpna per die*m*
uenient*em* pleb*em* protegis
ignis columna ad uesperu*m*
noctem depellis lumine
E Flamma famulu*m* p*ro*uocas
rubu*m* non spernis spineam
et cum sis ignis concremans
non uris quod inlumnans[1]
Fuco depasto nibulo
tempus decoctis surdibus
feruente s*an*c*t*o sp*irit*u
carn*em* lucere cercam.
Secretis iam condis[2] faui
diuini mellis alitus
cordis repurgas intimas
uerbo replisti cellolas :·
EXamen ut foetus noui
ore praelectum sp*irit*u
relectum[3] caelum sarcinis
querat securis pinnulis
Gloria patri ingenito
gloria unigenito
simul cum s*an*c*t*o sp*irit*u
in sempiterna saecula : · · ,

YMNU*M* MEDIAE NOCTIS ·.·

Mediae noctis
tempus est
prophetica uox
admonet dica
mus laudes ut d*e*o
patri semper
ac filio . . ,
S*anct*o quoq*ue* spiritui
perfecta enim
trinitas. uniusq*ue*
substantiae lau
danda nobis semper est :·
Terrorem tempus
hoc habet quo
cum uastatur an
gelus aegypto
mortem intulit
deliuit primogenita
Haec iustis hora
salus est. et quos
idem tunc angelus
ausus puniri non
erat signum for
midans sanguinis

---

[1] The early correcting hand which added an 'i' over this word should also have erased the second 'n.' The word should evidently be 'inluminas.'

[2] A later correcting hand has written 'en' over the second syllable of 'condis.'

[3] An early correcting hand has placed a point beneath, and an 'i' above, the second 'e' in this word.

aegyptus flebat for-
titer. tantorum
diro funere. solus
gaudebat isrl. agni
protectus sanguine.
Nos uero isrl sumus
laetamur in te dne
hostem spernentes
et malum xpi defen
si sanguine.
Ipsum profecto tempus
est. quo uoce euange
lica uenturus spon
sus creditur. regni
caelestis conditor.
Occurrunt scae uir
gines obuiam tunc
aduentui. gestantes
claras lampades
magno laetantes
gaudio.
Stultae uero rema
nent quae extinc
tas habent lampades.

frustra pulsantes
ianuam clausa iam
regni regia.
Quare uigilemus
sobrii. gestantes
mentes splendidas
aduentui ut ihu.
digne curramus obuiam.
Noctisque medio
tempore. paulus
quoque et sileas. xpm
uincti in carcere
conlaudantes solu
ti sunt.
Nobis mundus hic
carcer est. te lau
damus xpe ds. sol
ue uincla pecca
torum. in te scae
credentium.
Dignos nos fac rex
agie. futuri
regni gloriae.
aeternis ut me
reamur.

aEgyptus flebat for
titer. tantorum
diro funere. solus
gaudebat isr*ahe*l agni
p*ro*tectus sanguine :·

Nos uero isr*ahe*l sumus
laetamur in te d*omi*ne
hostem spernentes
et malum *christ*i defen
si sanguine . . ,

IPsum p*ro*fecto tempus
est. quo uoce euange
lica. uenturus spon
sus creditur. regni
caelestis conditor :·

Occurrunt s*a*n*ct*æ uir
gines. obuiam tunc
aduentui. gestantes
claras lampades
magno laetantes
gaudio . ,

Stultæ uero rema
nent quae extinc
tas habent lampades.
frustra pulsantes
ianuas clausa iam
regni regia ·.·

Quare uigilemus
subrii. gestantes
mentes splendidas
aduentui ut ih*es*u
digne curramus obuia*m*:

Noctisque medio
tempore. paulus
quoq*ue* et sileas. *christu*m
uincti in carcere
conlaudantes solu
ti sunt

Nobis mundus hic
carcer est. te lau
damus *christ*e d*eu*s. sol
ue uincla[1] pecca
torum. in te s*a*n*ct*e
credentium . . ,

DIGnos nos fac rex
agie. futuri
regni gloriae.
aeternis ut me
reamur.

---

[1] The scribe began to write 'uncla' but changed it to 'uincla.'

te laudibus concinere
Gloria patri ingenito
Gloria unigenito
simul cum sco spu
in sempiternasaecu
la
ymnum in natale
martyrum
Sacratissimi mar
tires summi di bel
latoris fortissimi
xpi regis potentis
simi duces exerci
tus di uictores in
caelis do canantes al
Excelsissime xpe
caelorum dni
nubin cui sedis cu
patre sacra an
gelorum ibi et mar
tirum fulgiens cho
rus tibi sci proclama.
Magnifice tu prior
omnium passus
crucem qui diuic
ta morte refulsisti
mundo.

ascendisti ad cae
los ad dexteram di.
tibi sci proclamant
ARmis spiritalibus
munita mente
apostoli sertesunt
secuti qui cum ipsa
crucis paterentur
tur morte et tibi
sci canebant et
Xpe martinum
tuere adiutor
potens pro elien
tium sca pro tua
gloria qui cum
uictores exirent
de hoc saeculo et
tibi sci canebant
Illustris tua dne
laudanda uirtus
qui per spm scm
firmauit marti
res qui contemne
rent zabulum
et mortem uince
rent et tibi sci cant

te laudibus concinere[1]
Gloria patri ingenito
gloria unigenito
simul cum s*anct*o sp*irit*u
in sempiterna saecu
la.,

YMNUM IN NATALE MARTYR*UM* UEL SABBATO: AD MATUTINAM.

Sacratissimi mar
tires summi d*e*i. bel
latoris[2] fortissimi
*christ*i regis potentis
simi duces exerci
tus d*e*i uictores in
caelis d*e*o canantes :· al*leluia*
EXcelsissime *christ*e
caelorum d*eu*s hi
rubin cui sedis cu*m*
patre sacra. an
gelorum ibi et mar
tirum fulgiens cho
rus. tibi s*anct*i p*ro*clama*nt*.
Magnifice tu prior
omnium passus
crucem qui diuic
ta morte refulsisti
mundo.

ascendisti ad cae
los ad dexteram d*e*i.
tibi s*anct*i p*ro*clamant :·
ARmis spiritalibus
munita mente
apostoli s*anct*i te sunt
secuti. qui cum ipsa
crucis pateren
tur morte., tibi
s*anct*i canebant[3].,
*CHrist*e martirum
tu es adiutor
potens proelien
tium s*anct*a p*ro* tua
gloria. qui cum
uictores exirent
de hoc saeculo.,
tibi s*anct*i canebant
INlustris tua d*omi*ne
laudanda uirtus
qui per sp*iritu*m s*anct*u*m*
firmauit marti
res. qui consterne
rent zabulum
et mortem uince
rent., tibi s*anct*i can*ebant*[4]

---

[1] An early correcting hand has placed a point between 'i' and 'n,' and has written an 'n' followed by a point over 'concinere.'

[2] A contemporary correcting hand has placed a slanting stroke and a point over the 'i' in this word, and has written an 'e' with a slanting stroke and a point above it in the margin.

[3] 'Canebant' is written over a totally or partly erased 'p*ro*clamant.

[4] The conclusion of this word is doubtful.

Manu dni excelsa
ptecti· carcere
diabulum fecenu
nt firmati· semp tr
trinitati fidem to
to corde seruantes
tibi sci canebant

Uere regnantes erant
tecum xpe ds qui
passionis merito
coronas habent·
& centinario fruc
tu repleti gaudent
tibi sci pela

Xpi di gratiam sup
plices obsecremus
ut in ipsius gloria
consummemur·
& in scam hierusa
lem ciuitatem di
trinitati cum scis
dicamus alleluia
[illegible]
[illegible]
[illegible]

Spiritus diuinae lucis
gloriae· Respice
in me dne

Ds ueritatis dne
ds sabaoth· ds
isrl· Respice

Lumen de lumine
Refferemus fili
um patris scm q:
spm in una sub stan
tia· Respice

Unigenitus & pri
mogenitus a te ob
tenemus redemp
tionem nostram
Respice

Natus es sco spu ex
maria uirgine
in id ipsum in adob
tionem filiorum
qui tibi procreati ex
fonte uiuunt Re

Heredes & quo rene
des xpi tui in quem
& per quem cuncta cre
asti

Manu d*omi*ni excelsa
p*ro*tecti. contra
diabulum stiteru
nt firmati. semper
trinitati fidem to
to corde seruantes :·
tibi s*anct*i canebant :·
Uere regnantes erant
tecum *christ*e d*eu*s qui
passionis merito
coronas habent.
et centinario fruc
tu repleti gaudent :·
tibi s*anct*i p*ro*cla*mant*
*CHrist*i dei gratiam sup
plices obsecremus
ut in ipsius gloria*m*
consummemur.
et in s*anct*am hierusa
lem ciuitatem d*e*i
trinetati cum s*anct*is
dicamus alleluia :·
YMNU*M* AD MA
TUTINA*M* IN DO
MINICA

SP*iritu*s diuinae lucis
gloriae. respice
in me d*omi*ne . . ,
D*eu*s ueritatis d*omi*ne
d*eu*s sabaoth. d*eu*s
.isr*ahe*l. respice[1]
Lumen de lumine
refferemus fili
um patris s*anctu*mq*ue*
sp*iritu*m in una substan
tia ·.· respice
UNigenitus et pri
mogenitus a te ob
tenemus redemp
tionem nostram . ,
respice
Natus es s*anct*o sp*irit*u ex
maria uirgine
in id ipsum in adob
tionem filiorum
qui tibi p*ro*creati ex
fonte uiuunt . , re*spice*
Heredes et quo ere
des *christ*i tui in quem
et per que*m* cuncta cre
asti

---

[1] The mark of abbreviation over 'respice' implies the addition of the remainder of the refrain.

quia in praedistina
tione a saeculis nobis
est ds ihs qui nunc coepit
respice

Unigenito ex innatis
do obtenens cor
pus claritatem di
manens in saecula
saeculorum rex ae
ternorum :: respi

Quia nunc coepit qui
semper fuit natu
rae tuae filius di
uinae lucis gloriae
tuae qui est forma
& plenitudo diuini
tatis tuae f nequibus.
respice

Persona unigeniti
& primogeniti
qui est totus a toto
diximus lux de lu
mine , respice

Dm uerum ado
uero sese con
fitemur .

tribus personis in
una substantia , re
spice in me dne

Imo

Audite omnes amantes
dm sca merita
uiri in xpo beati
Patricii episcopi
quomodo bonum ob actum
similatur angelis
perfectamque propter uitam
aequatur apostolis

Beata xpi custodit
mandata in omnibus
cuius opera refulgent
clara inter homines
sanctumque cuius sequuntur
exemplum mirificum
unde et in caelis patrem
magnificant dnm ::

Constans in dei timore
& fide inmobilis
super quem aedificatur
ut petrum aecclesia
cuiusque apostolatum

[*Fol. 13 verso.*]

quia in praedistina
tione a saeculis nobis
est d*eu*s ih*esu*s qui nunc cepit
respice
Unigenito ex mortuis
d*e*o obtenens cor
pus claritatem d*e*i
manens in saecula
saeculorum rex ae
ternorum :· respi*ce*
Quia nunc cepit qui
semper fuit natu
ræ tuae filius di
uinae lucis gloriæ
tuae qui est forma
et plenitudo diuini
tatis tuae frequens.
respice
Persona unigeniti
et primogeniti
qui est totus a toto
diximus lux de lu
mine ., respice
d*eu*m uerum a d*e*o
uero se se[1] con
fitemur.

tribus personis in
una substantia ., re
spice in me d*omi*ne

YMNU*M* S*A*NC*T*I PATRICI.

Audite omnes amantes — MA
d*eu*m s*a*nc*t*a mereta — GIS
uiri in *christ*o beati — TER
Patrici episcupi — SC
quodo[2] bonu*m* obactu*m* — OT
similatur angelis — OR*UM*.
perfecta*m*q*ue* pr*o*pter uita*m*
aequatur apostolis
Beata *christ*i custodit
mandata in omnibus
cuius opera refulgent
clara inter homnes[3]
s*a*nc*tu*mq*ue* cuius sequuntur
exemplum mirificu*m*
unde et in caelis patre*m*
magnificant d*omi*n*u*m :·
Constans in d*e*i timore
et fide inmobilis
super que*m* aedificatur
ut petrum[4] aecclesia
cuiusq*ue* apostolatum

---

[1] Muratori read these four letters as 'semper semper,' mistaking the accents for marks of abbreviation; but 'se' is an impossible abbreviation of 'semper.' Another accented 'se' occurs on fol. 21 recto, 1st col., line 22.

[2] A point has been placed over the first 'o,' and the missing syllable 'mo' with a slanting stroke over it has been written on the margin by an early correcting hand.

[3] A small 'i' has been written above this word between 'm' and 'n,' *prima manu*.

[4] A point has been placed beneath the 'm' and an 's' has been written over it by early correcting hand. The correction is a mistake.

a dō sortitus est
in cuius porte aduersus
inferni non praeualent
Dns illum elegit
ut doceret barbaras
nationes et piscaret
per doctrinae retia
et de saeculo credentes
traheret ad gratiam
dnm qui sequerentur
sedem ad etheream.
Electa xpi talenta
uendit euangelica
quae hibernas inter gentes
cum usuris exigit
nauigi huius laboris
tum opere praetium
cum xpo regni caelestis
possessurus gaudium
Fidelis dī minister
insignisque nuntius
apostolicum exemplum
formamque praebet bonis
qui tam uerbis quam et factis
plebi praedicat dī / ut
ut quem dictis non conuertit
actu prouocet bono

Gloria habet cum xpo
honorem in saeculo
qui ab omnibus ut dī
ueneratur angelus
quem ds misit ut paulum
ad gentes apostolum
ut hominibus ducatum
praeberet regno dī
Humilis dī ob metum
spū et corpore
super quem bonum ob actum
requiescit dns
cuiusque iusta in carne
xpi portat stigmata
in et cuius sola sustentans
gloriatur in cruce.
Impiger credentes pascit
dapibus caelestibus
ne qui uidentur cum xpo
in uia deficiant
quibus erogat ut panes
uerba euangelica
in et cuius multiplicantur
ut manna in manibus
Casta qui custodit carnem
ob amorem dni
quam carnem templum parauit
sco que spiritui

[*Fol. 14 recto.*]

a d*e*o sortitus est
in cuius porte aduersu*m*
inferni non praeualent
D*omin*u*s* illum elegit
ut doceret barbaras
nationes et piscaret
per doctrinæ retia
et de saeculo credentes
traheret ad gratiam
d*omin*u*m* qui seq*ue*rentur
sedem ad ethercam ..,
:Lecta *christ*i talenta
uendit euangelica
quæ hibernas inter gentes
cum usuris exigit
nauigi huius laboris
tum opere praetium
cu*m christ*o regni caelestis
possesurus gaudium
Fidelis d*e*i minister
insignisq*ue* nuntius
apostolicu*m* exemplum
forma*m*q*ue* praebet bonis
qui ta*m* uerbis qua*m* et factis
plebi praedicat d*e*i /tit
ut que*m* dictis non conuer
f * tu p*ro*uocet bono

Gloria*m* habet cum *christ*o
honorem in saeculo
qui ab omnib*us* ut d*e*i
ueneratur angelus
que*m* d*eu*s misit ut paulu*m*
ad gentes apostolum
ut hominib*us* ducatum
praeberet regno d*e*i
Humilis d*e*i ob metum
sp*irit*u et corpore /tum
super que*m* bonu*m* ob ac
requiescit d*omin*u*s*
cuiusq*ue* iusta in carne
*christ*i portat stigmata
et[1] cuius sola sustentans
gloriatur in cruce .,
Impiger credentes pascit
dapib*us* caelestibus
ne qui uidentur cum *christ*o
in uia deficiant
quib*us* erogat ut panes
uerba euangelica
et[2] cuius multiplicantur
ut manna in manibus
Kasta*m* qui custodit carnem
ob amore*m* d*omi*ni
qua*m* carne*m* te*m*plu*m* parauit
s*anct*oque spiritui

---

[1] A point has been placed beneath 'et,' a slanting stroke and a point above it, and the word 'in,' under a slanting stroke and a point, has been written on the margin *prima manu.*

[2] Ditto, but without the slanting stroke and point above 'et,' and with slanting stroke only over 'in.'

a quo constanter
cum mundis
possedet in actibus
qua et hostia placente
uiuam offert domino
Lumenque mundi accensum
ingens euangeli cum
in candellabro leuatum
toto fulgens saeculo
ciuitas regis munita
supra montem posita
sup copia in qua est multa
quam dominus possedet
Maximus namque in regno
caelorum uocabitur
qui quod uerbis docet sacris
factis adinplet bonis
bono praecedit exemplo
formamque fidelium
mundoque in corde habet
ad deum fiduciam
Homo en domini audenter
adnuntiat gentibus
quibus lauacris salutis
aeterna dat gratiam
pro quorum orat delictis
ad deum coti die
pro quibus ut deo dignas
immolatque hostias
Omnem pro diuina lege
mundi spernit gloriam
qui cuncta ad cuius mensam
aestimat quisquilia
nec ingruenti mouetur
mundi huius fulmine
sed in aduersis laetatur
cum pro christo patitur
Pastor bonus et fidelis
gregis euangelici
quem deus dei elegit custo
dine populum
suamque pascere plebem
diuinis dogmatibus
pro qua ad christi exemplo
suam tradit animam
Quem pro meritis saluator
prouexit pontificem
ut in caelesti moneret
clericos militiae
caelestem quibus annonam
erogat cum uestibus
quod in diuinis inpletur
sacrisque affatibus
Regis nuntius inuitat
credentes ad nup tias

a quo constanter
cum mundis
possedetur actibus
qua*m* et hostia*m* placente*m*
uiuam offert d*omi*no
.umenq*ue* mundi accensu*m*
ingens euangelicum
in candellabro leuatu*m*
toto fulgens saeculo
ciuitas regis munita
supra montem possita
copia in qua est[1] multa
quam d*omin*us possedet
Maximus namq*ue* in regno
caelorum uocabitur
qui quod uerbis docet sacris
factis adinplet bonis
bono praecedit exemplo
formamq*ue* fidelium
mundoq*ue* in corde habet
ad d*eu*m fiduciam . . ,
Nomen d*omi*ni audenter
adnuntiat gentibus
quib*us* lauacris salutis
aeterna*m* dat gratiam
p*ro* quoru*m* orat delictis
ad d*eu*m cotidie
p*ro* quib*us* ut d*e*o dignas
immolatq*ue* hostias.
Omnem p*ro* diuina lege
mundi spernit gloria*m*
qui cuncta ad cuius mensa*m*
aestimat quiscilia
nec ingruenti mouetur
mundi huius fulmine
sed in aduersis laetatur
cum p*ro* *christ*o patitur . ,
Pastor bonus et fidelis
gregis euangelici
que*m* d*eu*s d*e*i elegit custo
dire populum
sua*m*q*ue* pascere plebem
diuinis dogmatibus
p*ro* qua a[2] *christ*i exemplo
suam tradit animam
Quem p*ro* meretis saluator
p*ro*uexit pontificem
ut in caelesti moneret
clericos militiae
caeleste*m* quib*us* annonam
erogat cum uestibus
quod in diuinis inpletur
sacrisq*ue* affatibus . . ,
Regis nuntius inuitans
credentes ad nuptias

---

[1] A slanting stroke has been placed over 'est,' and the word 'sunt,' with a slanting stroke over it, has been written on the margin *prima manu*.

[2] A later correcting hand seems to have written a 'd' over 'a.' If so, the correction is a mistake. Possibly it is the tail of a 'g.' The 'og' in the line above seems to be written *in rasura*, the scribe having first written 'go' by mistake.

Patricii laudes semper dicamus ut nos cum illo semper vivamus:

Hymnum

percepturus praemia
cum apostolis regnabit
sessus super XII sedes.

Patricius episcopus oret et pro nobis omnibus ut deleantur protinus peccata quae commisimus. Amen.

Hymnus sancti Comgilli

Recordemur iustitiae
nostri patroni fulgidae
Comgilli sancti nomine
refulgentis in opere
adiuti Dei flamine
sancto claroque lumine
trinitatis celsissimae
cuncta tenentes regmine
quem Deus ad aetherea
conduxit habitacula
ab angelis custodita
permansura in saecula

Audite pantes ta erga
allati ad angelica
athletae Dei abdita
a iuventute florida
aucta in legis pagina
alta sancti per viscera
apta fide iustitia
quo Dei ducta gaudia
alti ad lata merita
affatim concordantia
ab angelis

Bonam vitam iustitia
benignitate florida
caritate firmissima
Deo primo adhibetam
iuxta mandatum solida
in regno praestantissima
proximis saepe editam
condere seno placeta
efficiebat cognitam
in futuro fructiferam
quem Deus

Contempsit tum mundialium
voluntatum praesentium
vitiorum firmissimum
infirmos devastantium
verborum cogitaminum
pantelena vibrantium
continebat per viscerum
secreta vigilantium
ab angelis:

Doctus in dilegibus
divinis dicionibus
ditatus sanctis opibus
Deo semper placentibus
dedicatus in moribus
Dei Stefanus agius
docebat sic et ceteros
dicta docta operibus

[*Fol. 15 verso.*]

Patri
ci lau
es sem
er dica
nus ut
os cum
lo sem
per ui
amus :·

YM
NUM
NCTI
COM
GIL
LI

/ mium
percepturus prae
cum apostolis regnabit
s*anctu*s super isr*ahe*l . . ,[1]

Patricius aepiscopus oret p*ro* nobis
omnib*us* ut deleantur p*ro*tinus peccata quae
commisimus :—

AB*BATIS* N*OSTR*I

R ecordemur iustitiae
nostri patroni fulgidæ
comgilli s*anct*i nomine
refulgentis in opere
adiuti d*e*i flamine
s*ancto* claroq*ue* lumine
trinitatis celsissimae
cuncta tenentes regmine

que*m* d*eu*s ad aetherea
conduxit habitacula
ab angelis custodita
permansura in saecula

Audite pantes ta erga
allati ad angelica
anthlete[2] d*e*i abdita
a iuuentute florida
aucta in legis pagina
alta s*anct*i per uiscera
apta fide iustitia
ad d*e*i ducta gaudia
alti adlata merita
affatim concordantia :·

ab angelis

Bonam uitam iustitia*m*
benignitate*m* florida*m*
caritate*m* firmissima*m*
d*e*o primo adhibetam
iuxta mandatu*m* solida*m*
in regno praestantissima*m*
p*ro*ximis sepe deditam
corde sereno placeta*m*
efficiebat cognitam
in futuro fructifera*m*

quem d*eu*s

Contemptu*m* mundialium
uoluntatu*m* praesentium
uitioru*m* firmissimum
infirmos deuastantium
uerboru*m* cogitaminum
parte leua uersantium
continebat per uisceru*m*
secreta uigilantium

ab angelis.

Doctus in d*e*i legibus
diuinis dicionibus
ditatus s*anct*is[3] opibus
d*e*o semper placentibus
dedicatus in moribus
d*e*i stefanus agius
docebat sic et caeteros
dicta docta operibu[s]

* * [4]

---

[1] A slanting stroke, with a point over it, is placed at the end of this line, and a similar stroke and point are placed on the margin over 'Patri.'

[2] A small 'a' has been written *prima manu* over the last syllable of 'anthlete.'

[3] The 'i' in this word has been written afterwards below the 'c.'

[4] There are just sufficient indications remaining to shew that the two words 'quem deus' were written here.

Elegit a primordio
quod erat in principio
aeternū uerbū padrono
enucleatū scissimo
Condeuenū altissimo
Carus eidem lucido
pignus praeclaro animo
Constans opere placido
ab angelis..,

Fulgebat alti fulgore
solis uice in uertice
rutulantis meridie
Fidei claritudine
Confirmatus ex uiscere
indi semper fidere
Confidens sci moniae
praecipuo munimine
quem ds..,

Gaudium sci spr
habebat in uisceribus
regnū quod est sublimibus
dō dignū & fortius
gladium quoque spr
leuatū ad nequissimus
quo pterreret superbos
tenens scis in manibus..,
ab angelis..,

Humilis sed benignius
prob: in di legibus
humanus iustus commo
laudabilis in moribus
hilaris uultu sublimius
caritatis in floribus
decoratus ordinibus
factus palam mortalibus
quem ds..,

In scripturis eruditus
inspiratis diuinitus
in sacramentis spiritus
canonicis affatibus
ueteris noui actibus
testamenti praefulgidus
feruens spū placidus
dō carus & pissimus
ab angelis

Kalcauit mundū subdolū
karitatis per studium
Kastitatis firmissimum
contemnens omne uitium
in se habens agnū floridum
pectus adornans lucidū
diuinum habitaculum
trino nomine sanctum
quem ds..,

[*Fol. 16 recto.*]

Elegit a primordio
quod erat in principio
aeternu*m* uerbu*m* paterno
eructatu*m* s*a*n*ct*issimo
corde ueru*m* altissimo
carus eidem lucido
pignus praeclaro animo
constans opere placido
ab angelis . . ,

Fulgebat alti fulgore
solis uic[1] in uertice
rutulantis meridie
fidei claritudine
confirmatus ex uiscere
in d*e*i semper fidere
confidens s*a*n*ct*imoniae
praecipuo munimine
quem d*eu*s . . ,

Gaudium s*a*n*ct*i sp*iritu*s
habebat in uisceribus
regnu*m* quod est sublimibus
d*e*o dignu*m* et fortius
gladium quoq*ue* sp*iritu*s
leuatu*m* ad nequissimus
quo p*ro*sterneret superbos
tenens s*a*n*ct*is in manibus . . ,
ab angelis . . ,

Humilis s*a*n*ctu*s benignus
prob*us* in d*e*i legibus
humanus iustus commo/dus
laudabilis in moribus
hilaris uultu subrius
caritatis in floribus
decoratus ordinibus
factus palam mortalibus
quem d*eu*s . . ,

IN scripturis eruditus
inspiratus diuinitus
in sacramentis p*ro*uidus
canonicis affatibus
ueteris noui actibus
testamenti praefulgidus
feruens sp*irit*u placidus
d*e*o carus et pissimus
ab angelis

Kalcauit mundu*m* subdolu*m*
karitatis per studium
kastitatis firmissimum
contempnens omne uitiu*m*
inserens agru*m* floridum
pectus adornans lucidu*m*
diuinum habitaculum
trino nomine sancitum
quem d*eu*s . . ,

[1] An 'e' has been written *prima manu* over and after the last letter of 'uic.'

Lampadē sapientiae
constituit in pectore
iste thesauro scientiae
condito dī munere
inflammatus magnopere
lucernae iustitiae
exaltatus munimine
legis sps litterae ..
ab angelis ..

Magnū adpraendit bradium
aeterna uita condignum
adeptus scm proemium
post laborē firmissimū
cuius perfectum meritū
locamus in auxilium
ut mereamur omnium
uitiorum excidium ..
quem dr

Notus scorum coetibus
abbatum in ordinibus
monachorum militibus
anchoretanū sensibus
sinodum sciis plebibus
immo uir apostolicus
clarus cunctis in fortibus
adauctus in sublimibus ..
ab angelis

O petram solidissimam
in fundamento posita
O contēptorē omnium
rerū nequā praesentiū
O ducem scm militum
dno militantium
O tironem fortissimum
dno totum deditum ..
quem dr

Positus muri ferrei
uice in luce populi
dissipare dispendere
cuncta mala distruere
aedificare plantare
bona totalit commone
more sci ieremiae
constituti in culmine ..
ab angelis ..

Qui contempsit praesentia
huius eui decidua
quis ascendit ad superna
toto animo gaudia
qui uolebat in etherea
carne uolare possita
qualiter iste talia
adeptus scā merita ..
quem dr ..

[*Fol. 16 verso.*]

Lampade*m* sapientiae
constituit in pectore
in tesauro scientiae
condito d*e*i munere
inflammatus magnopere
luce uerae iustitiae
exaltatus munimine
legis sp*iritu*s littere[1].,.
ab angelis . . ,

Magnu*m* adpraendit[2] bradium
aeterna uita condignum
adeptus s*anctu*m proemium
post labore*m* firmissimu*m*
cuius perfectum meritu*m*
uocamus in auxilium
ut mereamur omnium
uitiorum excidium . . ,
quem d*eu*s

Notus s*anct*orum coetibus
abbatum in ordinibus
monachorum militibus
anchoretaru*m* sensibus
sinodum s*anct*is plebibus
immo uir apostolicus
clarus cunctis in sortibus
adauctus in sublimibus :·
ab angelis

O petra*m* solidissimam
in fundamento possita*m*
O conte*m*ptore*m* omnium
reru*m* nequa*m* præsentiu*m*
O ducem s*anctu*m militum
d*omi*no militantium
O tironem fortissimum
d*omi*no totum deditum . . ,
quem d*eu*s

Possitus muri ferrei
uice in luce populi
dissipare disperdere
cuncta mala distruere
aedificare plantare
bona tota in commone
more s*anct*i eremiae
constituti in culmine ∴ ∴
ab angelis . . ,

Quis contempsit praesentia
huius eui decidua
quis ascendit ad superna
toto animo gaudia
quis uolebat in ethera
carne uolare possita
qualiter iste talia
adeptus s*anct*a mereta :·
quem d*eu*s . . ,

---

1 A badly formed 'a' has been written by a later hand over and between the last two letters of 'littere.'

2 A point has been placed after the 'p' in 'adpraendit,' and a small 'b,' with a point before it, has been written *prima manu* above it.

Rexit scam ecclesiam
catholica per regula
retinens fidem solida
mala contra nequitia
suam exercens animam
scae legis per paginam
cuius exopto gratiam
mihi adornat animam:
ab angelis..

Sapiens suos inter nos
scos elevans oculos
deducebat ad superos
capite sco integros
parte sca in dextra
collocans sua viscera
centorionis opera
habens sca per studia
quem dr

Tulit suam memoriam
ad mansione supernam
carnam do et floridam
suam exercens animam
contempnens terra subdola
vanem omne insaniam
domuens cum abraham
ad terra illa optimam:
ab angelis..

Vitam aeternam fulgida
adeptus est sub corona
ubi ad sum et praemia
permansura in saecula
Comitatur virus agmina
angelorum praecipua
inquirens semper entalia
vigilans in ecclesia
quem dr

Xpm orabat magistrum
summum ornans obsequium
Xpi tenens officium
actum per apostolicum
huius sequens vestigium
ducens do exercitum
in scam habitaculum
trinitatis lectissimum:
ab angelis..

Hymnum do cum cantico
immolabat altissimo
diei noctis circulo
orans sepe cum triumpho
nunc cantavit sub numero
canticum novum dno
iunctus choro angelico
summo ser in iubilo
quem dr

Rexit s*anct*am ecclesiam
catholica*m* per regula*m*
retinens fidem solida*m*
mala*m* contra nequitia*m*
suam exercens animam
s*anct*æ legis per paginam
cuius exopto gratiam
mihi adornat animam :
ab angelis . . ,

apiens suos internos
s*anct*os eleuans oculos
deducebat ad superos
capite s*anct*o intentos
parte s*anct*a in dextera
collocans sua uiscera
centorionis opera
habens s*anct*a per studia
quem d*eu*s

Tulit suam memoriam
ad mansione*m* supernam
caram d*e*o et floridam
suam exercens animam
contempnens terra*m* subdola*m*
uanem omne*m* insaniam
domuens cum abraham
ad terra*m* illa*m* optimam :·
ab angelis . . ,

UItam aeternam fulgida
adeptus est sub corona
ubi adsumet praemia
permansura in saecula
comitaturus agmina
angelorum praecipua
inquirens semper talia
uigilans in æcclesia :·
quem d*eu*s

*CHristu*m orabat magistrum
summum ornans obsequium
*christ*i gerens officium
actum per apostolicum
huius sequens uestigium
ducens d*e*o exercitum
in s*anct*am[1] habitaculum
trinitatis lectissimum :· ,
ab angelis . . ,

Ymnum d*e*o cum cantico
immolabat altissimo
diei noctis circulo
orans sepe cum triumpho
nunc cantauit sub numero
canticum nouum d*omi*no
iunctus choro angelico
summo s*anctu*s in iubilo . . ,
quem d*eu*s . . ,

---

[1] Points have been placed below and over the (second) 'a' in 's*anct*am.'

Zona cinctus iustitiae
castitatis eximiae
mundo opertus sindone
insigno castimoniae
Foeminalia lucidae
habens toto ex uiscere
cuius sco pro opere
reddetur merces condigne
quem ds ad ethera
conduxit habitacula
ab angelis custodita
Sper mansura in saecula.
Per merita et orationes sci comgilli
abbatis nostri omnes nos dne
in tua pace custodi.

Ymnum sci camelaci

Audite bonum exemplum
benedicti pauperis
Camelaci cumiensis
di iusti famuli
exemplum praebet in toto
fidelis in opere
gratias do agens
hilaris in omnibus
ieiunus et mansuetus
Kastus hic seruit do
laetatur in paupertate
mitis est in omnibus
noctibus atq: diebus
orat dnm suum
Prudens iustus ac fidelis
quem cognati dilegunt
Regem dnm aspexit
saluatorem que suum
tribuit huic aeterna
uitam cum fidelibus
Xpi in illum insinuauit
patri archae abrahae
h. in paradiso regnabit
cum sco elezaro

Collect ad secundam

Esto nobis protector in
ista die dne sce pa
ter. omps aeterne ds
et misserator et misseri
cors et auxiliator et d
ux nobis et inluminator
cordium nostrorum custodi
dne cogitationes sermo
nes opera ut possimus placere in conspe
tuo dne et perficere uoluntatem tuam et
bulare in uia recta toto nostrae uitae

Zona cinctus iustitiae
castitatis eximiae
mundo opertus sindone
insigno castimoniae
foeminalia lucidae
habens toto ex uiscere
cuius s*anct*o pro opere
reddetur mercis condigne
quem d*eu*s ad etherea
conduxit habitacula
ab angelis custodita
permansura in saecula :. [1]

Per merita et orationes s*anct*i comgilli
abbatis nostri omnes nos d*omi*ne
in tua pace custodi :—

YMNU*M* S*AN*C*T*I CAMELACI

Audite bonum exemplu*m*
benedicti pauperis
camelaci cumiensis
d*e*i iusti famuli / to
exemplum praebet in to
fidelis in opere
gratias d*e*o agens
hylaris in omnibus
ieiunus et mansuetus
kastus hic seruit d*e*o

/tate
laetatur in pauper
mitis est in omnibus
noctibus adq*ue* diebus
orat d*omi*nu*m* suum
prudens iustus ac fidelis
quem cognati dilegunt
regem d*omi*nu*m* aspexit
saluatoremque suum
tribuit huic aeterna*m*
uitam cum fidelibus
*christu*m illum insinuauit
patriarchae abrahae
ymparadiso regnabit
cum s*anct*o elizaro . . ,

COLLEC*TIO*[2] AD SECUNDA*M*

Esto nobis p*ro*tector in
ista die d*omi*ne s*anct*e pa
ter. om*ni*p*ote*n*s*. aeterne d*eu*s
et misserator et misseri
cors et auxiliator et d
ux nobis et inluminator
cordiu*m* nostroru*m* custodi
d*omi*ne cogitationes serm *
nes opera ut possimus placere in conspe *
tuo d*omi*ne et perficere uoluntate*m* tua*m* et *
bulare in uia recta toto nostrae uitae t *

---

[1] An 's' with a mark of contraction over it has been written *prima manu* to the right of and slightly above this word.

[2] We have expanded this abbreviation into 'COLLEC*TIO*,' as this form of the word is found on fol. 22 verso, 2nd col., line 8, which is the only place in this MS. where the word is written *in extenso*.

Te oramus altissime
exortu solis lumine
xpo oriens nomine
adesto nobis dne qui
ad te regnas in saecula

Xpe per horam tertiam
tertiam di praecamur clementiam
ut nobis perpetuam
suam tribuat gratiam
ad qui regnas sextam

Tuis parce supplicibus
sexta ora orantibus
qua fuisti pro omnibus
xpe in cruce positus
ad qui regnas nonam

Exaudi praeces omnium
nona ora orantium
in qua xpe cornilium
uisitasti per angelum
ad qui regnas uesper

Uespertino sub tempore
te inuocamus dne nos
tris praeci bus
innuat nostris pec
catis gloriae.

Noctis tempus exi
gimus xpe in tuis
laudibus misericors
omnibus te ex corde
praecantibus qui
ad regnas nocturno

Ihu clementer uisita
nocte orantes media
qua diuina potentia
petri soluisti uincula
qui regnas
ad matutina

Adsubueni omnibus
te ter sem laudan
tibus unumque con
fitentibus sacris
ymnonum cantibus
te qui regnas

Gallonum xpe cantibus
te depraecon son
nantibus petri
ob quondam fleti
bus nostris intende
praecibus qui reg:.

ITEM ALIA AD SE C U N *DAM*

Te oramus altissime
exortu solis lumine
*christ*o oriens nomine
adesto nobis d*omi*ne qui
regnas in saecula

AD TERTIA

*Christ*i per horam ter[1]
tertiam diprae
camur clementiam
uti nobis perpetua*m*
suam tribuat gratia*m*
qui regnas

AD SEXTA.

Tuis parce supplicibus
sexta ora orantibus
qua fuisti p*ro* omnibus
*christ*e in cruce possitus

AD qui regnas NONA

EXaudi praeces omniu*m*
nona ora orantium
in qua *christ*e cornilium
uisitasti per angelum

AD qui regnas UESPER*TINA*.

UESpertino sub tempore
te inuocamus d*omi*ne nos
tris praeci bus
annuae nostris pec
catis ignosce :·

COL*LECTIO* AD INITIUM NOCTIS[2]

Noctis tempus exi
gimus *christ*e in tuis
laudibus miseriaris
omnibus te ex corde
praecantibus qui
regnas

AD NOCTURNO

IH*es*u clementer uisita
nocte orantes media
qua diuina potentia
petri soluisti uincula
qui regnas

AD MATUTINA

D*eu*s subueni omnibus
te ter s*anctu*m laudan
tibus unumq*ue* con
fitentibus sacris
ymnorum cantibus

ITE*M* qui regnas MATU TI N AS

Gallorum *christ*e cantibus
te depraecor so
nantibus petri
ob quondam fleti
bus nostris intende
praecibus. qui reg*nas* :·

---

[1] A thick stroke has been placed over 'ter' with the view of deleting it.

[2] This title is nearly illegible. Muratori read it 'IN HORA DIMIDII NOCTIS.'

Chr̄ qui pulsis tenebris
diei lucem tribuis
aduentum ueni lumi
nis tuis effunde fa
mulis qui regnas

Exaudi nos dn̄e sup
plices tuos qui in
hac ora prima diei
Referamus tibi gra
tias dn̄o dō nō qui nos
redimisti tuo sc̄o san
guine ut praeces ad
petitiones nostras
uice primitiarum
tibi oblatas pie cle
menter q; suscipias
qui regnas

ad horam tertiam

Tibi subnixis prae
cibus xp̄o dn̄o sup
plicamus qui in hora
tertia diei sp̄m sc̄m
apostolis orantibus
emisisti eiusdem gra
tiae participatione
nobis poscentibus tri
buas concedi qui reg

ad horam sextam

Omnipotens aeterne
dē qui nobis magna
lia fecisti sexta ho
ra crucem ascendisti
et tenebras mundi in
luminasti sic et corda
nostra inluminare
digneris qui regnas

ad horam nonam

Nona agitur diei hora
ad te dn̄e directa sup
plicatione qua cul
toribus tuis diuina
monstrantur mira
cula nostra quoq; eo
rum imitatione cor
da inlumina qui reg

ad uespertinam

Uespertina oratio
nostra ascendat ad
aures diuinae maies
tatis tuae et discendat
benedictio tua dn̄e su
per nos quem admodu
sperauimus in te
qui reg nas

ITEM ALIA AD MATUTINA.

Deus qui pulsis tenebris.
diei lucem tribuis
aduentum ueri lumi
nis tuis effunde fa
mulis ., qui regnas ..,

ITEM[1] AD SECUNDA.

EXaudi nos domine sup
plices tuos qui in
hac ora prima diei
refferamus tibi gra
tias domino deo nostro qui nos
redemisti[2] tuo sancto san
guine ut praeces ad
petitiones nostras
uice primitiarum
tibi oblatas pie cle
menterque suscipias
qui regnas

., ad horam tertiam[3] ..,

TIbi subnexis prae
cibus christo domino sup
plicamus qui in hora
tertia diei spiritum sanctum
apostolis orantibus
emisisti eiusdem gra
tiae participationem
nobis poscentibus iu
beas concedi. qui regnas

ad horam sextam

Omnipotens aeternæ
deus qui nobis magna
lia fecisti sexta ho
ra crucem[4] ascendisti
et tenebras mundi in
luminasti sic et corda
nostra inluminare
digneris qui regnas

ad horam nonam

Nona agitur diei hora
ad te domine directa sup
plicatione qua cul
toribus tuis diuina
monstrantur mira
cula nostra quoque eo
rum imitatione cor
da inlumina ∵ qui regnas

., ad uespertinam .,

Uespertina oratio
nostra ascendat ad
aures diuinae maies
tatis tuae et discendat
benedictio tua domine su
per nos quem ad modum
sperauimus in te
qui reg nas

---

[1] A Greek cross has been placed on the left margin above this title.

[2] A slanting stroke, with a point above it, has been placed over the space between 'redemisti' and 'tuo,' and the word 'de, under a similar stroke and point, has been written on the margin by a later correcting hand.

[3] From this point it will be noticed that titles are sometimes written by the original scribe in a smaller handwriting, instead of being left to be filled in afterwards by the rubricator.

[4] A point under a slanting stroke has been placed after 'crucem,' and the word 's*anct*am,' under a slanting stroke with a point above it, has been written on the left margin.

ad initium noctis
Deus qui inextricabiles
tenebras inluminas
noctium densitatem ca
ligines inlustras corda
nostra in opere manda
torum tuorum te oramus
dne custodias. qui regnas.
ad initium noctis
Euolutis nunc diei tempo
ribus nocturnisque
spatiis superuenientibus
dei misericordiam depre
cemur ut supplicii di
uinis sensibus tenebra
rum operibus renun
tiare possimus. qui.
ad pacem celebrandam.
Iniuste egimus.
Redemisti nos dne deus
ueritatis in tuo sco san
guine nunc adiuua nos
in omnibus ihu xpe
qui regnas
Pax multa diligentibus.

Pax tua dne rex
caelestis perma
neat semper in
uisceribus nostris
ut non timeamus
a timore noctur
no. qui regnas.
Incip simbulum
Credo in dm pa
trem omnipo
tentem inuisibi
lem omnium crea
turarum uisibili
um et inuisibilium
conditorem.
Credo et in ihm xpm
filium eius unicum
dnm nrm dm omni
potentem concep
tum de spu sco natu
de maria uirgine
passum sub pontio
pilato qui cruci
fixus et sepultus

ad initium noctis

D*eu*s qui inextrecabiles
tenebras inluminas
noctium densitatem ca
lignis inlustras corda
nostra in opere manda
torum tuorum te oramus
d*omi*ne custodias. qui regnas :· ,

AD INITIUM NOCTIS.

Euolutis nunc diei tempo
ribus noc turnisque[1]
spatis superuenientibus
d*e*i misericordiam dipr
aecemur ut suppliti di
uinis sensibus tenebra
rum operibus renun
tiare possumus., qui r*egnas* :·

·, ad pacem celebrandam :·

INiuste egimus.[2]
Redemisti nos d*omi*ne d*eus*
ueritatis in tuo s*an*c*t*o san
guine nunc adiuua nos
in omnibus ih*es*u *christ*e :
qui regnas
Pax multa diligentibus :· [3]

Pax tua d*omi*ne rex
caelestis perma
neat semper in
uisceribus nostris
ut non timeamus
a timore noctur
no, qui regnas :·

INCIP*IT* SYMMULU*M*

CRedo in d*eu*m pa
trem omnipo
tentem inuisibi
lem omnium crea
turarum uisibili
um et inuisibilium
conditorem.
CRedo et in ih*esu*m *christum*
filium eius unicum
d*ominu*m n*ostru*m d*eu*m omni
potentem concep
tum de sp*irit*u s*an*c*t*o natu*m*
de maria uirgine
passum sub pontio
pylato qui cruci
fixus et sepultus

---

[1] Some word like 'nostri' has been first written and afterwards partly altered, partly erased.

[2] There is a mark of abbreviation over 'egimus,' to shew that these two words are only the opening words of a longer sentence, viz., Ps. cv. 6, or Judith vii. 19.

[3] There is a mark of abbreviation over 'diligentibus' to shew these three words are only the opening words of a longer sentence, viz., Ps. cxviii. 165.

discendit ad infe
ros tertia die re
surrexit a mor
tuis ascendit in
caelis seditq; ad
dexteram di pa
tris omnipoten
tis exinde uen
turus iudicare
uiuos ac mortuos.
Credo & in spm scm
dm omnipotentē
unam habentem
substantiam cum
patre & filio scam
esse aecclesiam ca
tholicam abremi
sa peccatorum
scorum commoni
onem carnis resur
rectionem credo
uitam post mortē
& uitam aeternam

in gloria xpi haec
omnia credo in dm
Oratio dnii amen
na
Pater noster qui es
in caelis scificetur
nomen tuum. adue
niat regnum tuum.
fiat uoluntas tua sicut
in caelo & in terra. pa
nem nm cottidianū
da nobis hodie. &
remitte nobis debi
ta nostra. sicut &
nos demittimus de
bitoribus nostris.
& ne patiaris nos
induci in temptati
onem sed libera nos
ad a malo. hoc
tur no.
Per horam mediae
noctis tunc gauisi
sunt angeli de nati
uitate dni ni ihū xpi

discendit ad infe
ros tertia die re
surrexit a mor
tuis ascendit in
caelis seditq*ue* ad
dexteram d*e*i pa
tris omnipoten
tis. exinde uen
turus iudicare
uiuos ac mortuos.
CRedo et in sp*iritu*m s*an*c*tu*m
d*eu*m omnipotente*m*
unam habentem
substantiam cum
patre et filio[1] s*anct*am
esse aecclesiam ca
tholicam abremi
sa peccatorum
s*anct*orum commoni
onem carnis resur
rectionem credo
uitam post morte*m*
et uitam aeternam

in gloria *christ*i haec
omnia credo in d*eu*m
ORATIO DIUI amen :· ,
NA . . .

Pater noster qui es
in caelis s*anct*ificetur
nomen tuum. adue
niat regnum tuum.
fiat uoluntas tua sicut
in caelo et in terra. pa
nem n*ostru*m cotidianu*m*
da nobis hodie. et
remitte nobis debi
ta nostra. sicut et
nos demittimus de
bitoribus nostris.
et ne patiaris nos
induci in temptati
onem sed libera nos
AD a malo NOC
TURNO.

Per horam mediæ
noctis tunc gauisi
sunt angeli de nati
uitate d*omi*ni n*ostr*i ihe*s*u *christ*i

---

[1] A group of three points is placed after and above the word 'filio.' The meaning of these points is not obvious. See fol. 10 verso, note 3, and fol. 35 verso, line 14, where the words 'et filio' have been added afterwards to the original text.

Ita et nos laetari de
bemus in tua pace
omnipotens ds qui re
ad clina [illegible]
Tu es dne inlumina
tor caliginum con
ditor que elemento
rum remissor cre
minum misericor
dia tua dne mag
na est super eos
qui te toto cor
de requi runt
maiestas tua dne
mane nos exau
diat et deleat de
licta nostra
quae ti bi non sunt
abdita qui regnas
ad [illegible]
Tu es spes et salus
tu es ui ta et uir
tus. tu es adiutor in
tri bu lationibus

tu es defensor ani
marum nostrarum
ds isrl in omnibus
qui regnas Oratio
Ne memineris iniquo
tatum nostrarum
anti quarum cito nos
antecepent nos
miseri cordiae tuae
quia pau peres fac
ti sumus nimis adiu
ua nos ds salutaris
nr propter gloriam
nominis tui dne libe
ra nos et propitius esto
peccatis nostris prop
ter nomen tuum ne
tradas bestiis anima
confitentem tibi
animas pauperum
tuorum ne obliuis
caris in finem res
pice in testamentum
tuum dne.

ita et nos laetari de
bemus in tua pace
omnipotens d*eu*s., qui r*egnas*

AD MATUTINAM

TU es d*omi*ne inlumna
tor caliginum con
ditorq*ue* elemento
rum remisor cre
minum misericor
dia tua d*omi*ne mag
na est super eos
qui te toto[1] cor
de requirunt
maiestas tua d*omi*ne
mane nos exau
diat et deleat de
licta nostra
quae tibi non sunt
abdita. qui regnas :·

EM AD MATUTINA*M*

u es spes et salus
tu es uita et uir
tus. tu es adiutor in
tribulationibus

tu es defensor ani
marum nostraru*m*
d*eu*s isr*ahe*l in omnibus
qui regnas ORATIO

CO*M* MO NIS. FRA TRO RO*M*

Ne memineris iniqui
tatum nostrarum
antiquarum cito
antecoepent nos
misericordiae tuæ
quia pauperes fac
ti sumus nimis adiu
ua nos d*eu*s salutaris
n*oste*r p*ro*pter gloriam
nominis tui d*omi*ne libe
ra nos et p*ro*pitius esto
peccatis nostris p*ro*p
ter nomen tuum ne
tradas bestis anima*m*
confitentem tibi
animas pauperum
tuorum ne obliuis
caris in finem res
pice in testamentum
tuum d*omi*ne.,

[1] An original rent in the membrane causes the spacing after this word, and a somewhat lesser spacing in each of the next ten lines which has not been reproduced in the printed text. The rent also affects fol. 20 verso, naturally.

Ds in adiutorium meu: intende dne ad ad
iuuandum me festina
Festina dne liberare
nos ex omnib' pecca
tis nostris

p baptizatis

Saluum fac populum
tuum dne & benedic
hereditati tuae &
rege eos & extolle
illos usq; in saeculum dne

Miserere dne aecclesiae
tuae catholicae quam
misisti in tuo sco sanguine
qui regnas

Exsurge dne in re
quiem tuam tu &
arca scificationis
tuae sacerdotes tui
induentur iustitia
& sci tui qui

Laetentur in te dne
omnes sci tui qui spe
rant in te in omni ue
ritate

p sabbato

Dns conseruet eum
& uiuificet eum & bea
tum faciet eum in ter
ra dns custodit te
ab omni malo custo
diat animam tuam
dns dns custodiat
introitum tuum &
exitum tuum ex hoc
nunc & usq; in saeculum

Custodi nos dne ut pu
pillam oculi sub
umbra alarum
tuarum protege nos

Protegere &
scificare digneris
omnibus omnips ds
qui regnas
p fratrib' nitate

Tu dne seruabis nos
& custodies nos
a generatione hac in aeternum

Exaudi orationes
nostras p fratribus
nostris ut illis ds mi
reriaris.

Deus in adiutorium meum
intende domine ad ad
iuuandum me festina
Festina domine liberare
nos ex omnibus pecca
tis nostris

pro baptizatis

Saluum fac populum
tuum domine et benedic
hereditate[1] tuae et
rege eos et extolle
illos usque in saeculum
Miserere[2] aecclesiae
tuae catholicae[3] quam
in tuo sancto sanguine
qui regnas
EXsurge domine in re
quiem tuam tu et
arca sanctificationis
tuae sacerdotis tui
induentur iustitia
et sancti tui ., qui
Laetentur in te domine
omnes sancti tui qui spe
rant in te in omni ue
ritate .,

pro abbate

Dominus conseruet eum
et inuificet[4] eum et bea
tum faciet eum in ter
ra dominus custodit te
ab omni malo custo
diat animam tuam
dominus dominus custodiat
introitum tuum et
exitum tuum ex hoc
nunc et usque in saeculum[5]
Custodi nos domine ut pu
pillam oculi sub
um[6] bra alarum
tuarum protege nos
Protegere et
sanctificare digneris
omnibus omnipotens deus
qui regnas .,

:., pro fraternitate :.,

Tu domine seruabis nos
et custodies nos[7]
EXaudi orationes
nostras pro fratribus
nostris ut illis deus mi
seriaris.

---

[1] A small 'i,' followed by a point, has been written *prima manu* over the last letter of this word.
[2] A slanting stroke, with a point over it, written after and above this word, indicates the omission of 'domine' which has been added on the left margin by a contemporary correcting hand.
[3] A slanting stroke above a point has been placed after and above this word, and the word 'redemisti,' with a point beneath a slanting stroke placed over it, has been added *prima manu* on the left margin. 'Quam' is also an addition to the original text.
[4] Two points have been placed within the first two letters of this word, and the syllable 'ui,' under a point and two short vertical strokes has been written over it by an early correcting hand. These strokes form a small 'u,' shewing that the correction itself was not clear.
[5] Some such title as 'PRO FRATRIBUS' has been omitted after this line.
[6] See fol. 20 recto, note 1.
[7] The following words have been written afterwards by a contemporary hand on the space and margin below this line 'a generatione hac et in eternum.'

p pace populorum et regum

Dns uirtutem populo
suo dabit dns benedi
cet populo suo in pace
Pacem praestare digne
ris omnibus omnipotens ds
qui regnas

p blasfemantibus

Dne misericordia tua
in saeculum opera
manuum tuarum
ne dispicias
Dne ds uirtutum ne
statuas illis hoc
in peccatum

p impiis

Iudica illos ds decedant
a cogitationibus suis
usque irritauerunt
te dne
Confundantur illi
qui confidunt in se
et non nos dne qui
confidimus in te

p iter facientibus

O dne saluum fac
o dne bene prosperare

Prosperitatem
itineris praesta
tuis famulis qui
Confiteantur tibi
dne omnia ope
ra tua et sci tui
confiteantur tibi
Tibi gratias agunt
animae nostrae p
innumeris bene
ficiis tuis dne [illegible]

p elimosinis

Dispersit dedit pau
peribus iustitia
eius manet in sae
culum saeculi
cornu eius exaltabi
tur in gloria.
Elimosinas facien
tibus in hoc mundo
retribue dne in
regno tuo sco

p*ro* pace populorum et regum

Dom*inus* uirtutem populo
suo dabit dom*inus* benedi
cet populo suo in pace
Pacem praestare digne
ris omnibus omnip*oten*s d*eus*
qui regnas

p*ro* blasfemantibus

Dom*in*e misericordia tua
in saeculum opera
manuum tuarum
ne dispicias
Dom*in*e d*eu*s uirtutum ne
statuas illis hoc
in peccatum

p*ro* impiis

IUdica illos d*eu*s decedant
a cogitationib*us* suis.[1]
usq*ue* inritauerunt
te dom*in*e
Confundantur illi
qui confidunt in se
et non nos dom*in*e qui
confidimus in te.,

p*ro* iter facientibus.

O dom*in*e saluum fac
o dom*in*e bene p*ro*spera
re

Prospiritatem
iteneris praesta
tuis famulis. qui[2]
Confiteantur[3] tibi
dom*in*e omnia ope
ra tua et s*anct*i tui
confiteantur tibi
TIbi gratias agunt
animae nostrae p*ro*
innumeris bene
ficiis tuis dom*in*e qui re*gnas*

p*ro* elimosi[4]

Dispersit dedit pau
peribus iustitia
eius manet in sae
culum saeculi
cornu eius exaltabi
tur in gloria
Elimoysinas facien
tibus in hoc mundo
retribue dom*in*e in
regno tuo s*anct*o..,

---

[1] The mark of abbreviation over 'suis' implies the absence of certain words from this passage which is taken from Ps. v. 11.
[2] The mark of contraction over 'qui' implies the text of the concluding formula.
[3] Above this line some such title as 'PRO GRATIAS AGENTIBUS' should have been inserted.
[4] It looks as if the writer had stopped short, not knowing how to spell the word 'eleemosynariis.'

Clamaverunt ad dominum cum tribularentur et de necessitatibus eorum liberavit eos.

Tribue domine tuis famulis sanitatem mentis et corporis.

Exsurge domine adiuva nos et redime nos propter nomen tuum.

Adiutorium nostrum in nomine domini.

Salva nos domine [illegible] per invocationem sancti tui nominis qui regnas.

de martyribus

Te qui sancti et electi tui coronam martirii.

praesta ista te oramus domine ut eorum meritis obtineamus veniam quorum tantam gloriam non meremur. qui regnas.

Ad te domine clamabo deus meus ne sileas a me.

Dominus virtutum nobiscum susceptor noster deus iacob.

Adiutor noster deus iacob miserere nobis domine.

collectio

Sanctus in sanctis agnus inmaculatus gloriosus in caelis mirabilis in terris praesta nobis domine secundum magnam misericordiam tuam deus qui es te petimus et oramus qui regnas.

ad martyres

Aeternum virtutis tuae nomen omni deprecamur ut nos martini et omnium sanctorum tuorum meritis socios fide pares.

pro imfirmis

Et[1] clamauerunt
ad d*omi*n*u*m cum tri
bularentur et
de necessitatibus
eorum liberabit
eos . , .

TRibue d*omi*ne tuis
famulis sanita
tem mentis et cor
poris

EXsurge d*omi*ne ad
iuua nos et rede
me nos p*ro*pter no
men tuum

ADiutorium n*ostru*m
in nomine d*omi*ni

Saluare nos dig
neris per inuo
cationem s*anct*i tui
nomins[2] qui regnas

D*EU*S qui s*anct*is et electis
tuis coronam
martirii . ,[3]

praestitisti te oramus
d*omi*ne ut eorum mere
tis obtineamus venia*m*
qui tantam gloriam
non mereamur qui re*gnas*[4]

AD te d*omi*ne clamabo d*eu*s
meus ne sileas a me :·[5]

DO*MI*N*U*S uirtutum nobis
cum susceptor n*oste*r
d*eu*s iacob

ADiutor n*oste*r d*eu*s iacob
miserere nobis d*omi*ne qui.[6]

COL LEC[7] TIS

S*A*N*CTU*S in s*anct*is agnus inmacu
latus gloriosus in cælis
mirabilis in terris præs
ta nobis d*omi*ne secundu*m*
magnam misericordi
am tuam d*eu*s quae te pe
timus et oramus qui reg*nas*

AD MARTYRES.

aEternum uirtutis tuæ
nomen om*nipoten*s d*eu*s ora
mus uti nos martiru*m*
et omnium s*anct*orum tuo
rum meritis socios
uide[8] pares

---

1 Ps. cvi. 6. The reference is disguised by Muratori's reading 'Exclamauerunt.'
2 An 'i' has been written between and above the last two letters of this word *prima manu*.
3 On the left margin, in a smaller contemporary handwriting, this title has been added 'DE MARTYRIB*US*.'
4 Some such title as 'PRO TRIBULANTIBUS' has been omitted after this line.
5 The long mark of abbreviation over 'a me' implies the rest of Ps. xxvii. 1.
6 The mark over 'qui' implies the remainder of the formula.
7 The mark of abbreviation over 'LEC' is probably a clerical error.
8 An 'f' has been written over the first letter of this word *prima manu*.

deuotione seruientes uos
passione consimiles
in resurrectione
felicium facias co
aequari. qui regnas
miserere mei ds
secundu magnam

Tribue dne petenti
bus te ex fide secun
dum magnam miseri
cordiam tuam ds qui r

ad nocturno.

Media nocte clamo
re facto ut nos in
ueniamur parati
sponso qui regnas

ad matutinam

Ds dne nr a te de luce
uigilare debemus et
tu excita de graui
sumno et libera de so
pore animas nostras
et in cubilibus nostris
conpunctamur ut
tui esse memores me
reamur qui regnas.

ad ma

Tu es spes et salus tu es
uita et uirtus tu es
adiutor in tribulati
onibus tu es defen
sor animarum nos
trarum ds isrl in
omnibus qui regnas

ad matutinam

O qui in altis habitas
et humilia respicis
in caelo et in terra
in mari et in omnibus
abyssis de profundo cor
dis te depraecamur
ut firmes manus nos
tras ad proelium et
digitos nostros ad bel
lum quo possimus
in matutino interfi
cere omnes peccato
res terrae nostrae
ac nos indeficement
amur et templum scm
tuum xpe qui reg

deuotione strenuos
passione consimiles
in resurrectione
felicium facias co
aequari. qui regnas[1]
Miserere mei d*eu*s
secundu*m* magnam[2]
TRibue d*omi*ne peten
tibus te ex fide secun
dum magnam miseri
cordiam tuam d*eu*s qui r*eg*n*as*

AD NOCTURNO.[3]

Media nocte clamo
re facto ut nos in
ueniamur parati
sponso qui regnas

AD MATU*TINA*

D*eu*s d*eu*s n*oste*r ad te de luce
uigilare debemus. et
tu excita de graui
sumno et libera de so
pore animas nostras
et in cubilibus nostris
conpuncgamur ut
tui esse memores me
reamur qui regnas ∴

ad ma[tutina][4]

TU es spes et salus. Tu es
uita et uirtus. Tu es
adiutor in tribulati
onibus. Tu es defen
sor animarum nos
trarum d*eu*s isr*ahe*l in
omnibus. qui regnas

AD MATUTINA

O qui in altis habitas
et humilia respicis
in caelo et in terra
in mari et in omnibus
abissis de p*ro*fundo cor
dis te dipraecamur
ut firmes manus nos
tras ad proelium et
digitos nostros ad bel
lum. quo possumus
in matutino interfi
cere omnes peccato
res terrae nostræ
ac nos indefice mere
amur et templum s*anctu*m
tuum *christ*e qui reg*nas*

---

[1] It seems as if some such title as 'PRO PAENITENTIBUS' should have been written after this line.
[2] The long mark of abbreviation over 'magnam' implies the remainder of Ps. l. 3.
[3] A Greek cross has been placed on the left margin opposite this title.
[4] This title has been written afterwards.

Deus qui scos tuos cum
mensura probas et
sine mensura glorifi
cas cuius praecep
ta finem habent et
praemia terminu
non habent exaudi
per illorum mere
ta praeces nostras
et tribue ut eorum
patrocinia adiuvent
nos ad fidei pfectum
ad bonorum operu
fructum ad prosperi
tatis bonum ad sa
lubritatis commo
dum ad religionis
cultum ad divini
timoris augmentu
per dnm nm ihm
xpm filium tuum
qui est rex regum
et dominus domi
nantium et gloria
futurorum reg
nans et permanens
una cum aeterno
spu sco in saecula
saeculorum.

Collectio post can[ticum]

Deus qui exeunti
ex aegypto
populo tuo maria
divisisti et suspen
sis utrimque mar
ginibus in speciem
muri erecti flu
enta iussisti animas
quoque nostras a di
luvio peccatorum
liberare digneris
ut transire vitioru
gurgitem valeamus
hoste contempto

AD MARTYRIBUS[1]

D*EU*S qui s*an*ct*o*s tuos cum
mensura p*ro*bas et
sine mensura glorifi
cas cuius praecep
ta finem habent et
proemia terminu*m*
non habent exaudi
per illorum mere
ta praeces nostras
et tribue ut eorum
patrocinia adiuuent
nos ad fidei p*ro*fectum
ad bonorum operu*m*
fructum ad p*ro*speri
tatis bonum ad sa
lubritatis commo
dum ad relegionis
cultum ad diuini
timoris augmentu*m*
per d*omin*u*m* n*ostr*u*m* ih*esu*m
*christu*m filium tuum
qui est rex regum

et dominus domi
nantium et gloria
futurorum reg
nans et permanens
una cum aeterno
sp*irit*u s*anct*o in saecula
saeculorum . . ,

COLLECTIO
POST CAN

D*EU*S qui exeunti TI
ex aegypto CO
populo tuo maria
diuisisti et suspen
sis utrimq*ue* mar
ginibus in specie
muri eregi flu
enta iusisti animas
quoq*ue* nostras a di
luio peccatorum
liberare digneris
ut transire uitioru*m*
gurgitem ualeamus
hoste contempto

[1] This appears to be the wording of this faded title.

saluator mundi qui
cum aeterno patre
uiuis dominaris ac
regnas cum spu sco in
saecula saeculorum
col. post b. puero

Exaudi preces nos
tras omps ds et
praesta ut sicut inde
cantatio hymno beata
puerorum instituta
sectamur ita tuo mu
nere peccatorum la
queis absoluti aeter
ni ignis non ambiamur
incendiis saluator mun
di qui cum patre uiuis
col. post ... psa

Te dnm de caelis lau
damus tibi ut canori in
ti cum nouum canta
re
IN FINE

mereamur te dne
in sextum uenera
biliter dignae ca
mur ut omnia uo
ta nostra suscipi
as peccata dimit
tas saluator mun
di qui regnas
col. post euange
lium

Exsultantes au
dio reddita
nobis huius diei
luce omnipoten
ti do laudes gra
tiasq. referamus
ipsius misericordia
obsecrantes ut die
dominicae resur
rectionis nobis
sollempniter cele
brantibus pacem
et tranquillitate

saluator mundi qui
cum aeterno patre
uiuis dominaris ac
regnas cum sp*irit*u s*anct*o in
saecula saeculorum :· ,

COL*LECTIO* POST B*ENEDIC*
TIONEM PUERO[1]

EXaudi praeces nos RUM
tras om*nipoten*s d*eu*s et
praesta ut sicut in de
cantato imno beata
puerorum instituta
sectamur ita tuo mu
nere peccatorum la
queys[2] absoluti aeter
ni ignis non ambiamur
incendiis saluator mun
di qui cum patre uiuis :·

COL*LECTIO* POST[3] TRES PSA L M OS.

TE d*omi*n*u*m de caelis lau
damus tibi ut can
ticum nouum canta
IN FINE. re
mereamur te d*omi*n*u*m
in s*anct*is tuis uenera
biliter dipraeca
mur ut omnia uo
ta nostra suscipi
as peccata dimit
tas saluator mun
di qui regnas . . ,

COL*LECTIO* POST EUANGE
LIUM.

EXsultantes gau
dio p*ro* reddita
nobis huius diei
luce omnipoten
ti d*eo* laudes gra
tiasq*ue* referamus
ipsius misericordia*m*
obsecrantes ut die*m*
dominicae resur
rectionis nobis
sollempniter cele
brantibus pacem
et tranquillitate

---

[1] The expansion of the abbreviations has made it necessary to extend this line into two lines in print.

[2] The letter before 's' is either a 'y,' or the scribe began a long 's' and left it somewhat like an 'i.'

[3] A point under and between the last two letters of 'POST' calls attention to some alteration. Was 'POST RES' on the point of being written instead of 'POST TRES'?

laetitiam praes
tare dignetur
ut a uigilia matuti
na usq: ad noctem
clementiae suae fa
uore protecti exul
tanter laetitia per
petua gaudeamus
per dominum nostrum ihesum christum s

Super hymnum

Sce domine inluminatio
et salus uera credenti
bus resurrectio
dominicae clari
tatis inlumina cor
da nostra ut trinitatis sci
entia et unitatis cog
nitione filii lucis et
membra christi ac tem
plum sci spiritus esse me
reamur qui regnas
in saecula saeculorum

De martyribus

Hii sunt domine qui fe
lici cruore perfusi
dum blandientem
mundi huius inlecebra
gloriosa passione dis
piciunt mortem mor
te uicerunt conside
rantesq tenebras
huius lucis certo ter
mino ac fine ruituras
in sumpserunt de poena
uitam et de morte uic
toriam rogamus te christe
ut eorum praecibus ad
iuuari mereamur quo
rum consortes esse
non possumus per te
christe qui cum patre uiuis
dominaris et regnas

Super cantemus
domino glo.

laetitiam praes
tare dignetur
ut a uigilia matuti
na. usq*ue* ad noctem
clemenitiae[1] suae fa
uore p*ro*tecti exul
tantes laetitia per
petua gaudeamus
per d*omi*n*u*m n*ostru*m
ih*esu*m *christu*m s*anctum*[2]

SUPER HYMN U M.

S*anc*te d*omi*ne inluminatio
et salus uera creden
tibus resurrectio
dominicae clari
tatis inlumina cor
n*ostru*m ut trinitatis sci
entia et unitatis cog
nitione filii lucis et
membra *christi* ac tem
plum s*anct*i sp*iritu*s esse me
reamur qui regnas
in saecula saeculorum

DE MARTYRIBUS

Hii sunt d*omi*ne qui fe
lici cruore perfusi
dum blandientem
mundi huius inlecebr*am*[3]
gloriosa passione dis
piciunt mortem mor
te uicerunt conside
rantesq*ue* tenebras
huius lucis certo ter
mino ac fine ruituras
sumpserunt de poena
uitam et de morte uic
toriam rogamus te *christ*e
ut eorum praecibus ad
iuuari mereamur quo
rum consortes esse
non possumus per te
*christ*e qui cum patre uiuis
dominaris et regnas

SUPER CANTEMUS
D*OMI*NO GLO*RIOSE*.

---

[1] A dot above the first 'i' in this word calls attention to the superfluous letter.
[2] The expansion of contractions has made it necessary to extend this line into two lines in print.
[3] A later hand has written what is apparently a second 'c,' with a point above it, over and above the 'ce' in this word.

Ds qui cotidie popu
lum tuum iugo aegyp
tiacae servitutis absol
uis et per fluenta
spiritalis lavacri
in terra repromissi
onis · da nobis diui
tionum inpugnati
one uic toriam et
de uic tis [illegible] nos
tenebris [illegible] car
tuis dedu [illegible] car
hereditate [illegible] tem
in sco anim quod pr
aeparaverunt ma
nus tuae salvator
mundi qui cum aeterno

Sci · Benedictio puerorum · Triumphale

Sce dne et gloriose
mirabilium ad uir
tutum effector
qui tribus pueris
inter supplicia con
fortitis quantus
adsistere cui factu
facilium est ignium
temperare natu
ram et uim quoda
modo exustantium
coercere flamma
rum ut inter in
cendia frigidi hym
num tibi canentes
cum magna uicto
ria exultarent · nunc
eandem dne adli
berandos ac prote
gendos nos dona · e
uirtutem salua
tor mundi qui regnas

laudate dnm

Quem cuncta ca de
nite elimenta [illegible]
dnm laudent

D*EU*S qui cotidie popu
lum tuum iugo aegyp
tio[1] seruitutis absol
uis et per fluenta
spiritalis lauacri
in terra*m* rep*ro*misi
onis :· [2] da nobis diui[3]
tiorum inpugnati
one uictoriam et
deuictis
tenebris nos
tris dedu cas
heredita tem
in s*anct*oario quod pr
aeparauerunt ma
nus tuae saluator
mundi qui cum aeter

SUP*ER* BENED*ICTIONEM* no

TRIUU*M* PUE*RORUM*

S*anct*e d*omi*ne et gloriosæ
mirabilium ad uer
tutum effector
qui tribus pueris
inter supplicia con
stitutis quartus
adsistes[4] cui factu*m*
facilium est igniu*m*
temperare natu
ram et uim quoda*m*
modo exusstantiu*m*
coercere flamma
rum ut inter in
cendia frigidi[5] ym
num tibi canentes
cum magna uicto
ria exultarent
eandem[6] d*omi*ne ad li
berandos ac p*ro*te
gendos nos dona
uirtut m[7] salua
tor mundi SUPER

LAUDATE D*OMI*NUM

Quem cuncta ca DE
nite elimenta CAE
d*omi*n*u*m laudent LIS

[1] A horizontal line has been placed over the last letter of this word, and the letters 'ae,' with a similar line above them, have been written *prima manu* on the margin. Some alteration has also been begun beneath the 'o.'

[2] Two slanting lines have been placed over the last letter of this word, and under two similar lines, preceded by points, these words have been added *prima manu* on the margin, 'deuicta hoste transducis.'

[3] A point has been placed beneath the 'i' in this word, and an 'e' followed by a point has been written *prima manu* above it.

[4] A point has been placed under the 'e' in this word, and an 'i' followed by a point has been written *prima manu* above it.

[5] An 'a' has been written *prima manu* over the last letter of this word.

[6] A horizontal line has been placed over the last letter of this word, and the word 'nunc,' with a similar line above it, has been written *prima manu* on the margin.

[7] A horizontal line has been placed over the vacant space in this word in which a 'u' has been erased, and an 'e,' with a similar line above it, has been written *prima manu* on the margin.

Cuius confessio sa-
cra eadem in caelo
et terra et per regno
nationum novum to-
nanti dicite. ℥. mun-
factum iudicium ne-
fandus in fine con-
scriptum per scri-
pta diversis spiri-
tales melodiae modis
ut xpm conlaud et
sps per saecla omnibus
qui cum patre vivit

Super canticum

Deus qui impiam ae-
gyptum dennis
corruptionibus mul-
tas et diviso mari
planum iter popu-
lo praestes prae-
cest... quaesi-
mus nostras et nos
nostris talitem
hostibus salva sal-
vator mundi qui r.

Post benedictionem trium puerorum

Deus qui pueris fide
fervientibus for-
nacis flammam fri-
gidam facis et tribus
invictis morte devic-
to quantus adsistes
praeca... mur no-
bis aestabus
carnis ta-
lem virtutem
pr... aestes ad ustis
per te ihu xpe qui r.

Post laudate dominum de caelis

Deus noster deus omnium
animarum te ad-
oramus ut in hac vi-
gilia sollemnitatis
ad missa p... ue ... pre-
praestes quousque
tenebrae iniquitatis

[*Fol.* 24 *verso.*]

cuius confessio sa
cra eadem in caelo
et terra et pigno
ra sion nouum to
nanti dicite ymnu*m*
facturi iudicium ne
fandiis in fine con
scriptum per stri
pate diuersis spiri
tales melodia[1] modis
ut *christu*m conlaudet
sp*iritu*s per saecla omnes
qui cum patre uiuit

SUPER CANTICO[2]

D*EU*S qui impiam ae
gyptum deniis[3]
curruptionibus mul
tas et diuisu mari
planum iter popu
lo praestes prae
ces exaudi quessi
mus nostras ut nos
nostris taliter
hostibus salua sal
uator[4] mundi qui r*egnas*

POST BENEDICTIONE*M*

TRI UU*M* PUE RO RU*M*

D*EU*S qui pueris fide
feruentibus for
nacis flammam fri
gidam facis et tribus
inuictis morte diuic
to[5] quartus adsistes
praecamur no
bis aestibus
carnis ta
lem uirtute*m*
pr aestes adustis
per te ih*esu* *christ*e qui r*egnas*.

POST LAUDATE D*OMI*N*U*M DE CAE LIS.

D*EU*S noster d*eu*s omniu*m*
animarum te ad
oramus ut in hac ui
gilia sollempnitatis
admisa[6] p*er* uenire[7]
praestes quousque
tenebrae iniquitatis

---

[1] An 'e' has been written afterwards by a different hand over the 'a' in this word.

[2] A Greek cross, with four points in the spaces made by the central crossing of its limbs, has been placed opposite this title on the margin.

[3] An 'i' has been written *prima manu* over and between the first two letters of this word which are slightly spaced.

[4] An 's' has been erased before the first letter of this line.

[5] A slanting stroke has been placed over the last letter of 'diuicto,' and an 'a,' with a similar stroke above it, has been written on the margin afterwards by a different hand.

[6] A second and round 's,' followed by a point, has been written by a later hand over and between the 'l' and 's' in this word, and a point has been placed below and between the same two letters.

[7] This word seems to have been originally written 'preuenire,' but to have been altered *prima manu*.

nostrae conuer
tatur in lumine
sicut sol in meridie
splendescet salua
tor mundi qui r

post euangelium

Dominicam nos
trae resurrec
tionis initium uene
rantes trinitati deo
nostro debitas laudes
et gratias unito refe
ramus affectu obse
crantes misericordia
eius ut nobis dni et salua
toris nri beatae resur
rectionis participiu
tam in spu quam etiam
in corpore concedat
qui cum patre uiuit ..

post hymnum.

Respice dne ad prae
ces nostras qui in
firmitates uisitasti
humanas et tuam no
bis scificationem
largire et inmor
talitatem xpe qui r

item post canticum.

Summerso in mari
farao ne liberatur israhel nos quoque
per baptismi gra
tiam et crucis triu
phum ab omni ma
lo quaesumus libe
rari per te xpe

item post benedictionem

Deus qui tres pue
ros de fornace eripuisti sic nos
eripias

nostrae conuer
tantur in lumine
sicut sol in meridie
splendescet salua
tor mundi qui r*egnas*

POST EUANGELIU*M*

Dominicam nos
trae resurrec
tionis initium uene
rantes trinitati d*e*o
n*ostr*o debitas laudes
et grates unito reffe
ramus affectu obse
crantes misericordia*m*
eius ut nobis d*omin*u*s* et salua
toris n*ostr*i beatae resur
rectionis participiu*m*
tam in sp*irit*u quam etiam
in corpore concedat
qui cum patre uiuit . . ,

POST HYMNUM.

Respice d*omi*ne ad prae
ces nostras qui in
firmitates uisitasti
humanas et tuam no
bis s*anct*ificationem
largire et inmor[1]
talitatem *christ*e qui r*egnas*

ITEM POST CANTICO.[2]

Summerso in mari
faraone libera
tur isr*ahe*l nos quoq*ue*
per baptismi gra
tiam et crucis trium
phum ab omni ma
lo quessumus libe
rari per te *christ*e

ITEM POST BENEDI TE[3]

D*EU*S qui tres pue
ros de forna
ce eripuisti sic nos
eripias

---

[1] The 'n' in this word is '*in rasura*.'
[2] A roughly shaped Greek cross has been prefixed to this title on the margin.
[3] The fourth syllable of this word has been accidentally omitted.

de suppliciis inferni
qui regnas in saecula
post laud dnm de caelis

Te laudamus dne cum
scis tuis ut praeces
nostras suscipere
digneris qui regnas

post euangelium

Resurgentem in hoc
diluculo dnm di
praecamur ut et nos
in uitam aeternam
resurgamus per
omnia saecula saecu

post hymnum

Resurrectionem
tuam xpe uene
ramur per quam
in aeternam sal
uari mereamur
per omnia saecula

Xpe ds qui in sa
lutem populi tui
isrl adiutor et pro
tector fuisti quem
per siccum mare
ab aegypto duxisti
salua nos hoc modo
ab igne peccati qui
regnas in saecula

post hymnum
trium puerorum

Te enim omps ds be
nedicimus iure qui
tres pueros liberasti
ab igne nos quoque per tuam
misericordiam tuam
eripe qui regnas

post laud dnm
de caelis

Altissime rex an
gelorum ds laus
omnium elimentorum
ds gloriae et exultatio
sco rum custodi animas

de suppliciis mortis aeternae

de supplicis imferni
qui regnas in saecula

POST LAU*DATE* D*OMI*N*U*M DE CÆ LIS.

Te laudamus d*omi*ne cum
s*anct*is tuis ut praeces
nostras suscipere
digneris. qui regnas :· ,

POST EUANGELIU*M*

Resurgentem in hoc
diluculo d*omi*n*u*m di
praecamur ut et nos
in uitam aeternam
resurgamus. per
omnia saecula saecu*lorum*

POST YMNUM

Resurrectionem
tuam *christ*e uene
ramur per qua*m*
in aeternam sal
uari mereamur
per omnia saecula

*CHrist*e[1] d*eu*s qui in sa
lutem populi tui
isr*ahe*l adiutor et p*ro*
tector fuisti que*m*
per siccum mare
ab aegypto duxisti
salua nos hoc modo
ab iugo peccati. qui
regnas in saecula

POST YMNUM
TRIUUM PUE RO RU*M*

Te enim. om*ni*p*oten*s. d*eu*s be
nedicimus iure qui
tres pueros liberasti
ab igne nos quoq*ue*[2] p*ro*pter
misericordiam tuam
eripe. qui regnas

POST LAU*DATE* D*OMI*NUM
DE CAELIS.

D*EU*S altissime rex an
gelorum d*eu*s laus
omnium elimentorum
d*eu*s gloriae et exultatio
s*anct*orum custodi animas

---

[1] A Greek cross has been placed upon the top margin above and to the left of the opening word of this collect. Some such title as 'POST CANTEMUS' has been omitted after the cross.

[2] A slanting stroke, with a point above it, has been placed after and above this word, and under similar marks on the margin the following words have been added in a smaller contemporary handwriting, 'de supplicio mortis aeternae .·.'

seruorum tuorum
qui regnas in saecula.
post euang.
Canticis spiritalibus
dilectati hymnos
xpe consonantes
canimus tibi quibus
tua maiestas possit
placari oblata lau
dis hostia spiritali
qui tecum uiuit
Item post euange
Deluculo lucis auc
tore resurgente
exultemus in dno de
uicta morte quo
peccata possimus
semper obruere uitae
que ambulemus in nou
itate. qui tecum uiuit

post ymnum
Lux orta est in lu
ce prima exor
dio dierum antiquo
facta uirtentius
tuis dne. qui nostra
abluere uenit per
crucem peccata
qui tecum uiuit
de martyribus.
Triumphalium me
mores martirum
tuorum qui pro te tol
lerare uixilla pas
sionum praecamur
ut per sacramenta ip
sorum nostrorum ue
niam mereamur pecca
torum. qui regnas

seruorum tuorum
qui regnas in saecula :·

POST EUANGE

CANticis spiritalibus LI
dilectati imnos U
*christ*e consonantes M[1]
canimus tibi quibus
tua maiestas possit
placari oblata lau
dis hostia spiritali :·,
qui tecum uiuit

ITEM POST EUANGE

Deluculo lucis auc LI
tore resurgente U
exultemus in d*omi*no de M[1]
uicta morte quo
peccata possimus
semper obire uitae
q*ue* ambulemus in noui
tate. qui tecum uiuit

POST YMNUM

Lux[2] orta est in lu
ce prima exor
dio dierum antiquo
facta unigenitus
tuus d*omi*ne qui nostra
abluere uenit per
crucem peccata
qui tecum uiuit

DE MARTYRIBUS.

TRiumphalium me
mores martirum
tuorum qui p*ro* te tol
lerare uixilla pas
sionum praecamur
ut per s*anct*a merita ip
sorum nostrorum ue
niam mereamur pecca
torum. qui regnas . . , .

---

1 For the exact position of the last four letters of these titles see collotype.
2 This column commences in a larger style of handwriting which is continued by different scribes till fol. 29 recto, inclusive.

+ post — cantemus
Plebs isrl in figu
ram nostri libera
tur in transitu ma
ri. Nos renato per gra
tiam baptismi. libe
rati ab exitu mun
di. qui regnas
post benedicite
Ut tres pueros in
flamma saluasti.
dicentes tibi in fornacem
caelestem himnum. sic
nos per angelum mag
ni consilii. liberare
digneris ab igne in
ferni, qui regnas
post laudate dominum
Te quem exercitus dei
canit caelorum cae
quem q: aecclesia

laudat scorum
quem et omnia
spiritum universorum
misere obsecro
omnium nostrorum
qui regnas
supplicantem

+ Cantemus tibi ur:
domine exerci
tuum xpe oran
ter ut quem ad
modum exemis
ti dilectum po
pulum tuum cap
tiuitatis aeterni
mae iugo iter
demonstrante
lucis nubis columpna
na

POST CANTEMUS[1]

Plebs isr*ahe*l in figu
ram nostri libera[2]
tur in transitu ma
ri. nos ergo per gra[2]
tiam baptismi. libe
ra tu ab exitis mun
di. qui regnas

POST BENEDICITE

Ut tres pueros in
flamma saluasti.
discensu in fornacem
caelestis nuntii. sic
nos per angelu*m* mag
ni consilii. liberare
digneris ab igne im
ferni, qui regnas . . ,

POST LAU*DATE* D*OMI*N*UM*

D*EUS* quem exercitus DE
canit caelorum CAE
quemq*ue* aecclesia LIS
laudet[3] s*anct*orum
quem ymnizat
sp*iritu*s uniuersorum
miserere obsecro
omnium nostroru*m*
qui regnas

SUPER CANTEM[4]

Cantemus[5] tibi U
d*om*ine exerci S.
tuum *christ*e oran
tes ut quem ad
modum exemis
ti dilectum po
pulum tuum cap
tiuitatis acerri
mae iugo iter
demonstrante
eis nubis colump
na

---

[1] A roughly shaped Greek cross has been prefixed on the margin to this title.

[2] The final 'a' in these lines has been written above the line.

[3] An early correcting hand has written an 'a' over the 'e' in 'laudet.'

[4] A roughly shaped Latin cross has been prefixed on the margin to this title.

[5] The handwriting changes here. The new hand uses accents more frequently, especially over vowels long by nature and not by position.

per diem eadem ignis quoq: per noc
tem fenditur ergo mare dextera
leuaq· In abruptum dehescit acervis
stupens unda solidatur tutus popu
lus nauigat planta rimanens iter
eius nec eques potest sequi nec natis
Maria tympanum quatit hymnus
iste cantatur. Rex peculius tuetur.
Tu nos ab insectatione ueteris ini
mici et ab omni periculo mundi li
berare digneris saluator mundi qui
cum aeterno patre uiuis dominaris
ac regnas una cum aeterno spiritu sancto in sae
cula saeculorum.

SUPER BENEDICTIONEM
TRIUUM PUERORUM.

per diem eadem ignis quoq*ue* per noc
tem fenditur[1] ergo mare dextera
leuaq*ue* in abruptum degestis acerribus
stupens unda solidatur tuus popu
lus nauigat plantis mira res iter
eius nec eques potest sequi nec ratis
maria tympanum quatit ymnus
iste canitur grex peculius tuetur.
iter[2] nos ab insectatione ueteris ini
mici et ab omni periculo mundi li
berare digneris saluator mundi qui
cum aeterno patre uiuis dominaris
ac regnas una cum aeterno sp*irit*u s*an*ct*o* in sæ
cula saeculorum :· ,

SUPER BENEDICTIONEM
TRIUUM PUERORUM :

---

[1] An 'i' has been written *prima manu* over the 'e' in this word.
[2] An 'a' has been written by an early correcting hand over this word.

Tris ebrei uenerabiles numero sacra
mento muniti aetate teneri sed
fidei soliditate robusta amore diui
nae religionis regis adorare ima
ginem contempserunt utpute qui
ipsum contempserant regem quin a
sufflatur solito septies amplius caminu
iussit incendi ac pice & stuppa anima
tum citari incendium aestuantibus
globis renuberet quoq; ipsum alienis
ignib; caelum illo praecipitantur
insontes ibidemq; te propterquē
praecipitantur inueniunt xpe
taliter nos & tyranni intellectu alis
furore & ab ingenito igni digneris
liberare saluator mundi qui cum aeter
no patre ui uis

Tris[1] ebrei uenerabiles numero sacra
mento muniti aetate teneri sed
fidei soliditate robusti amore diui
nae relegionis regis adorare ima
ginem contempserunt utpute qui
ipsum contempserant regem qui ira
sufflatus solito septies amplius caminu*m*
iusit incendi ac pice et stuppa arma
tum citari incendium aestuantibus
globis erubescit quoq*ue* ipsum alienis
ignibus caelum illo praecipitantur
insontes ibidemq*ue* te propter que*m*
praecipitantur inueniunt *christ*e
taliter nos et tyranni intellectualis
furore et ab ingenito igni digneris
liberare saluator mundi qui cum aeter
no patre uiuis

[1] A point has been placed over the 'i' of this word, and an 'e,' under a point, has been written above it by a later correcting hand.

Post laudate dnm de caelis

Laudent te dne angeli uirtutes sidera
potestates & quae ortum suum tibi de-
bent officio tuae laudationis exsultent
ut per uniuersitatis armonia tibimet
concinnentem fiat ut in caelo ita & in
terra uoluntas tua sit tibi praecamur
dne beneplacitum in populo tuo ut
per exaltationes tuas in eius faucibus
collocatas maneat in singulis & uer-
bi tui armatura qua doceas & uitae
nostrae ueritas quia semper aspicias
& salus qua mansuetos exaltes quia secundum multitudinem magnitudinis
tuae. Te laudamus dne gratia laudationis ostensae.

[*Fol. 28 recto.*]

POST LAUDAT[1] D*OMI*N*U*M DE CAELIS.

Laudent te d*omi*ne angeli uirtutes sidera
potestates et quae ortum suum tibi de
bent officio tuae laudationis exsultent
ut per uniuersitatis armonia*m* tibimet
concinnentem fiat ut in caelo ita et in
terra uoluntas tua sit tibi praecamur
d*omi*ne beneplacitum in populo tuo ut
per exaltationes tuas in eius faucibus
collocatas maneat in singulis et uer
bi tui armatura qua doceas et uitae
nostrae ueritas quia[2] semper aspicias
et salus qua mansuetos exaltes quia se
cundum multitudinem magnitudinis
tuae te laudamus d*omi*ne gratia lau
dationis ostensae

---

[1] The final 'e' of this word has been accidentally omitted.

[2] The 'i' of this word is marked by a point above it for erasure.

immolatione per psalterium morti
ficatione per tympanum congrega
tione per chorum exsultatione
per organum iubilatione per cym
balum ut semper misericordiam tua
habere mereamur xpe saluator
mundi qui cum aeterno patre uiuis
super cantemus dno
DNE qui en chrnim fugientes tueris
bis senas per lauitratibus emulum
terrena pruis fluctibus in binis mon
tium utrimque redactis celsorum cer
uicis abruptae arentibus talis regione
munum quasi et de petra limphas p
ducens meritatur ergo ut olim piorum
supplicium hostias aeterni quaesumus
factor es cunnum quod est cuius affa
tur

immolatione per psaltirium morti
ficatione per tympanum congrega
tione per chorum exsultatione
per urganum iubilatione per cym
balum ut semper misericordiam tua*m*
habere mereamur *christ*e saluator
mundi qui cum aeterno patre uiuis . . ,

SUPER CANTEMUS D*OMI*NO[1]

D*OMI*NE qui cinchrim fugientes tueris
bis senas per inuissa tribus emulum
itenera prius fluctibus in binis mon
tium utrimq*ue* redactis celsorum ceu
iugis abrupte arentibus talis equore
murum quasi et de petra limphas. p*ro*
ducens mergatur ergo ut olim piorum
supplicium hostis aeterni quaesumus
statores currum quod est cuius affa
tus

[1] A roughly shaped Greek cross has been prefixed on the margin to this title.

actusq· cum cogitatu caeleri nequam
sit pharaoni rex israhelem uenumque
unda saluat ut xp̄o carmina canat
per sæcla qui cum patre uiuit.

[*Fol. 29 recto.*]

actusq*ue* cum cogitatu caeleri nequam
sit pharaoni rex israhelem uerum quae
unda saluat ut *christ*o carmina[1] canat
per saecla qui cum patre uiuit.[2]

---

[1] The letter 't' has been erased after 'carmina.'

[2] Fol. 29 verso is blank. This slip, which is an original insertion in the MS., never had any writing *prima manu* on its reverse side. For unimportant later entries on it see Introduction.

Uersiculi famil iae. Ben chu ir.

Benchuir bona regula
recta atq· diuina
stricta sca sedula
summa iusta ac mira.

Munther benchuir beata
fide fundata certa
spe salutis ornata
caritate perfecta.

Nauis numquam turbata
quamuis fluctib; tonsa
nuptiis quoq· parata
regi dno sponsa.

Domus diliciis plena
super p&ram constructa
necnon uinea uera
ex aegipto transducta.

Certe ciuitas firma
fortis atq· munita
gloriosa ac digna
supra montem posita.

Arca chirubin tecta
omni parte
aurata
sacrosanctis referta
uiris quattuor portata

Xpo regina apta
solis luce amicta
simplex simulq· docta
undecumq· inuicta.

Uere regalis aula
uariis gemmis ornata
gregisq· xpi caula
patre summo seruata.

Uirgo ualde fecunda
haec et mater intacta
laeta ac tremebunda
uerbo di subacta.

[*Fol. 30 recto.*]

UERSICULI. FAMI LIAE. BEN CHU IR.

Benchuir bona regula
recta atq*ue* diuina
stricta s*an*c*t*a sedula
summa iusta ac mira.
Munther benchuir beata
fide fundata certa
spe salutis ornata
caritate perfecta :·
Nauis numqua*m* turbata
qua*m*uis fluctibus tonsa
nuptis quoq*ue* parata
regi d*omi*no sponsa . . ,
Domus dilicis plena
super petra*m* constructa
necnon uinea uera
ex aegipto transducta
Certe ciuitas firma
fortis atq*ue* munita
gloriosa ac digna
supra montem
possita :· ,

ARca hirubin tecta
omni parte
aurata
sacros*an*c*t*is referta
uiris quattuor porta /ta
*CHrist*o regina apta
solis luce amicta
semplex simulq*ue* docta
undecumq*ue* inuicta
Uere regalis aula
uaris gemmis ornata
gregisq*ue* *christ*i caula
patre summo seruata
UIRgo ualde fecunda
haec et mater. intacta
leta ac tremebunda
uerbo d*e*i subacta :·

Ciuitta beata
cum perfec
tis futura
do patre parata
sine fine mansura.
Benchuir bona regula.
col. super hominem non
qui habet di
abu
lu
Domine scae pater
omnips aeter
ne ds expelle diabu
lum. et gentalitatem.
ab homine isto de
capite de capillis.
de cerebro. de uer
tice. de fronte de
oculis de auribus de
naribus de labiis
de ore. de lingua
de sub lingua de fau
cibus de guttore
de collo de corde
de corpore toto
de omnibus membro
rum copaginibus
membrorum suorum
intus et foris
de ossibus de uenis
de neruis de san
guine de sensu
de cogitationibus
de uerbis de om
nibus operibus
suis de uirtute

Cui uita beata
cum perfec
tis futura
d*e*o patre parata
sine fine mansura :· ,
Benchuir bona regula :·

COL*LECTIO* SUPER HOMINEM QUI HABET DI ABU LU*M*

D*omi*ne s*an*c*t*e pater
omn*i*p*oten*s aeter
ne d*eu*s expelle diabu
lum. et gentilitatem.[1]
ab homine isto de
capite de capillis[2]
de cerebro.[2] de uer
tice. de fronte de
oculis de auribus de
naribus de labis
de ore. de lingua
de sublingua de fau
cibus de guttore
de collo de corde
de corpore toto
de omnibus membro
rum copaginibus
membrorum suoru*m*
intus et defores[3]
de ossibus de uenis
de neruis de san
guine de sensu
de cogitationibus
de uerbis de om
nibus operibus
suis de uirtute

---

[1] A mark of contraction has been placed by mistake over the first letter of this word.

[2] A slanting stroke, with a point beneath it, has been placed after 'capillis,' and a slanting stroke, with a point above it, has been placed after and above 'cerebro.' The meaning of these marks is probably to indicate some variation in the order of the part of the body enumerated. The order varies in the same collect in the Stowe Missal. *Liturgy and Ritual of the Celtic Church*, p. 207.

[3] A point has been placed under the loop of the 'e' in this word, and an 'i' has been written *prima manu* over it.

De omni conuer
sationE eius hic
& in futuro sed
operatur inte
uiuntur xpi ihu eo
quod ipse passus est
ut uitam aeter
nam mereamur
per dnm nostrum ihm
xpm filium suum

Oratio de mar
tyribus.

Ds qui mar
tiribus
r tuis largitur
et regnum no
n bis in peccati
bus ueniam
prestare

digne fuit. hi cho
ronam suam pas
sione perficiente me
ruerunt. nos in p
iniquitatibus & pr
aeuaricationibus
nostris remissi
onem ante & mise
ricordiam pos
tulamus.

per te ihu xpe

Incipit ante
fana in na
tale dni. Sit
dne refugi
um adiu
cunda.

[*Fol. 31 recto.*] [1]

de omni conuer
satione eius hic
et in futuro sed
operatur in te
uirtus *christ*i in eo
qui p*ro*passus est
ut uitam aeter
nam mereamur
per d*omin*u*m* n*ostr*u*m* ih*es*u*m*
*christ*u*m* filium suum

ORATIO DE MAR
TYRIBUS.

D*eu*s qui. mar
tiribus
tuis lagitus[2]
es regnum. no
bis *autem* peccati[3]
bus ueniam
prestare
digneris. hii cho[4]
ronam suam pas
sione per fide*m* me
ruerunt. nos *autem* p*ro*
iniquitab*us*[5] et pr
aeuaricationib*us*
nostris remisi
onem a te et mise
ricordam pos
tulamus :·
per te ih*es*u *christ*e

INCIPIT ANTE
FANO IN NA
TALE D*OMI*NI. SUP*ER*
D*OMI*NE REFUGI
UM. AD SE
CUNDA.

---

[1] There are three different handwritings on this page, the first extending from 'de'—'suum,' the second extending from 'D*eus*'—'*christ*e,' the third being employed in the rubrical headings.

[2] A slanting stroke has been placed over the 'a' in 'lagitus,' and an 'r,' with a slanting stroke over it, has been written on the margin *prima manu.*

[3] A slanting stroke, with a point above it, has been placed over the 'a' in 'peccatibus,' and an 'n,' under a slanting stroke with a point above it, has been written on the margin *prima manu.*

[4] A Greek cross has been placed on the margin to the right of this line.

[5] The letters 'ti' have been written over the letter 'a' in this word by a contemporary correcting hand. They are preceded and followed by a fine point, and another fine point has been placed in the concave space formed by the second stroke of the 'a.'

ab hodierno die nox
minuitur dies crescit
concutiuntur tenebrae
lumen augitur · et inlu
cro lucis nocturnae
dispendia transferun
incipiunt · tur
ante fani sup cantemus

Educti ex aegypto
patres nostri et be ne
pertransierunt di ci
pedibus rubrum ma
re dixerunt lau te
dem dno nostro

e
Tris pueri in ca
mino missi sunt
et non timu
erunt flam
mam ignis
dixerunt

laudem dno nostro
Filii ebreorum
pertransierunt
israheliticae ple
bis transierunt
per siccum mare
laudem dixerunt

e
Tris pueri te ora
bant de medio ignis
ad te clamabant
ex uno ore hymnu
dicebant

Gloriosus in scis
mirabilis in ma
iestatibus faciens
prodigia

Benedicamus dm
patrem et filium
et spm scm dnm

[*Fol. 31 verso.*] [1]

Ab[2] hodierno die nox
minuitur dies crescit
concutiuntur tenebræ
lumen augitur. et in lu
cro lucis nocturnae
dispendiae transferen
INCIPIUNT tur . . . ,
ANTEFANI[3] SUP*ER* CANTEMUS.

EDucti ex aegypto
patres nostri et
pertranisierunt
pedibus rubrum ma
re dixerunt lau
dem d*omi*no nostro :· ,

ET BE NE DI CI TE.

TRIS[4] pueri in ca
mino misi sunt
et non timu
erunt flam
mam ignis
dixerunt
laudem d*omi*no nostro :· ,

Filii ebre eorum
penitrauerunt
israhelitae ple
bes transierunt
per siccum mare
laudem dixerunt :· ,

TRIS[4] pueri te ora
bant de medio ignis
ad te clamabant
ex uno[5] uoce ymnu*m*
dicebant

Gloriosus in s*anct*is
mirabilis in ma
iestatibus faciens
prodigia . . ,

Benedicamus d*eu*m
patrem et filiu*m*
et sp*iritu*m s*anctu*m d*omin*u*m*

---

[1] A fresh but contemporaneous handwriting commences on this page.

[2] A Latin cross has been placed on the margin to the left of this line.

[3] A little lower down on the left margin the remains are visible of a cross with points placed in the spaces formed by the central intersection of its limbs.

[4] A point has been placed beneath the 'i' in this word, and an 'e' has been written by an early correcting hand above it.

[5] A point has been placed in the central space of the 'o' in 'uno,' and an 'a' has been written by an early correcting hand above it.

Dextram leuauit
moyses aspexit
uiam regalem po
lum eduxit ad litus
in animis usque perduxit ::

Fornacis flammas
pueri contempse
runt Christo iugiter
immolauerunt uia(m)
iniquam dereliquerunt

sub lau d laste
De caelis dominum laudate
dominum
psalterium iucundum
deca
immolate laudate
eum in sono tubae ::

Faro demersus est
in rubrum mare
moyses pertransiit
in sicco pede maria
dixit deo cantate ::

Tres pueri in camino
coniecti uerbo conten
tis regis iniqui cane
bant hymnum domino regi ::

Tu benefecisti domine po
pulum tuum per rubrum
mare ::

Tres pueri cantabant
una uoce de medio
mirandentis flammae ::

Domine tu regnas in ae
ternum et in saeculum
saeculi et adhuc ::

Sci et humiles corde
benedicite domini dominum ::

Dominus contenens bella
dominus nomen est illi ::

Benedicite omnia
opera domini dominum ::

DEXtram leua*m*q*ue*
moyses aspexit.
uiam regalem po
lum eduxit. ad litus
maris usq*ue* perduxit :·
Fornacis flammas
pueri contempse
runt *christ*o iugiter
immolauerunt uia*m*
iniquam diriliquerunt :·

SUP*ER* LAUDATE[1]

DE caelis d*omin*u*m* laudate
psaltirium iucundum D*OMI*NUM
immolate. laudate DE CÆ
eum in sono tubae :· LIS
FARo demersus est
in rubrum mare
moyses pertransit
in sicco pede maria
dixit d*e*o cantate :· ,

TRIS[2] pueri in camino
coniecti uerbo cogen
tis regis iniqui. cane
bant ymnum d*omi*no regi :· ,
Gubernasti d*omi*ne po
pulum tuum per rub
rum mare :· ,
TRIS[2] pueri cantabunt[3]
una uoce de medio
ignis ardentis flammæ :· ,
D*omi*ne tu regnas in ae
ternum. et in saeculu*m*
saeculi et adhuc :· ,
S*a*nc*t*i et humiles corde
benedicete d*omi*ni d*omi*n*u*m :·
D*omi*n*u*s conterens bella
d*omi*n*u*s nomen est illi :· ,
Benedicete[4] omnia
opera d*e*i d*omi*n*u*m :· ,

---

[1] No space has been left in the MS. for this title; of the rest of it 'D*OMI*N*U*M' has been inserted below 'laudate,' 'DE CÆ' below 'iucundum,' 'LIS' below and after 'laudate.'

[2] A point has been placed below the 'i' in 'Tris,' and an 'e' has been written above it by an early correcting hand.

[3] An 'a' has been written over the 'u' in this word by an early correcting hand.

[4] An 'i' has been written over the third 'e' in this word *prima manu*.

Cātēmus dnō glori
osae enim magni
ficatus est.
Ymnum dicite & sp[er]
exaltate eū in sæcla.
Filii h[autem] isrl abierunt
p[er] siccū p[er] medium
mare.
Benedicamus dm pa
trem & filium & spm
scm dnm. de marty
ribus.
Post ignis & lamminas
cruces ad q[ue] bestias sci
cum magno triumpho
uehuntur in regno &
in refrigerio. item
alia de ma[rtyribus]
Hii sunt qui uenerunt
ex magna tribulati
one & lauerunt stolas
suas & candidas eas fe
cerunt in sanguine
agni.

de martyribus:
In memoria mar
tirum tuorum dne
& esto praecibus ser
uorum tuorum xpe.
de martyribus
In inuocatione scorum
martirum misere
re supplicum tuorum
dne
Conuertere dne usq[ue] quo
& deprecabilis esto
super seruos tuos. item alia
Respice in seruos tuos
& in opera tua dne.
item alia
Repleti sumus mane
misericordiam tuam.
alia cod...
Et sit splendor dni
di nostri super nos.
ad communicare
Corpus dni accipimus
& sanguine eius pota
ti sumus ab omni
malo non timebimus
quia dns nobiscum est.

Cantemus[1] d*omi*no glori
osae enim magni
ficatus est. . .,
Ymnum dicite et super
exaltate eu*m* in sæcula :·
Filii *autem* isr*ahe*l abierunt
per siccu*m* per medium
mare . . ,
Benedicamus d*eu*m pa
trem et filium et sp*iritu*m
s*anctu*m d*omi*n*u*m[2] . . , DE MARTY
RIBUS.
Post ignis[3] et lamminas
crucis[4] adq*ue* bestias s*anct*i
cum magno triumpho
uehuntur in regno et
in refrigerio . . , ITEM
ALIA DE MA RTI RI B*US*
Hii sunt qui uenerunt
ex magna tribulati
one et lauerunt stolas
suas et candidas eas fe
cerunt in sanguine
agni . . ,

DE MARTYRIB*US*

IN memoria mar
tirum tuoru*m* d*omi*ne
et esto praecibus ser
uorum tuorum *christ*e :· ,

DE MARTYRIB*US*

IN inuocatione s*anct*oru*m*
martirum misere
re d*eu*s supplicum tuoru*m* :· ,

SUPER D*OMI*NE REFUGIU*M* IN DO M I NI COR U M DIE

Conuertere[5] d*omi*ne usq*ue* quo
et dipraecabilis esto
super seruos tuos . . ,

ITEM ALIA.

Respice in seruos tuos
et in opera tua d*omi*ne :· ,

ITEM ALIA.

Repleti sumus mane
misericordiam tuam :· ,

ALIA CODIANA

Sit splendor d*omi*ni
d*e*i nostri super nos :·

AD COMMONICARE

Corpus[5] d*omi*ni accipimus
et sanguine eius pota
tati[6] sumus ab omni
malo non timebimus
quia d*omi*nus nobiscum est :· ,

---

[1] A roughly shaped Latin cross has been placed before the commencement of this line.
[2] A slanting stroke and a point have been placed after and above this word, and also on the left margin where the words 'in saecula' have been added below them.
[3] An 'e' has been written by an early correcting hand over the second 'i' in 'ignis.'
[4] An 'e' has been written by an early correcting hand over the 'i' in 'crucis,' and an 'e,' below a slanting stroke, has been written likewise on the margin. A corresponding slanting stroke runs beneath the upper part of the interlinear 'e.'
[5] A roughly shaped Latin cross, with ornamental terminations to its horizontal bar, has been placed before the commencement of these two lines.
[6] A point has been placed over the second 't' and the second 'a' of this word, for the erasure of the superfluous syllable.

Item alia
Gustate et videte alle
quam suavis est dns al.
Item alia
In labiis meis medita
bor ymnum alle.
Cum docueris me ego
iustitias respondebo al
alia
Hoc sacrum corpus dni
et salvatoris sanguine
sumite vobis in vitam
perennem alle
Item alia
Quam dulcia faucibus meis
eloquia tua dne
Item alia
Hic est panis vivus qui
de caelo discendit al
qui manducat ex eo
vivet in aeternum al
alia
Refecti xpi corpore
et sanguine tibi semper
dne dicamus alle
[illegible]
Gloria in excelsis deo
et in terra pax homi
nibus bonae voluntatis
laudamus te benedici
mus te adoramus te

glorificamus te magni
ficamus te gra
tias agimus tibi pp
ter magnam miseri
cordiam tuam dne
rex caelestis ds pa
ter omnipotens
Dne fili unigeni
te ihu xpe sce sps
di et omnes dicimus
amen. Dne
fili di patris agne
di qui tollis pecca
tum mundi mise
rere nobis. Sus
cipe orationem
nostram qui sedes
ad dexteram di pa
tris miserere nobis
Quoniam tu solus scs
tu solus dns tu so
lus gloriosus cum
spu sco in gloria
di patris amen.

ITEM ALIA

Gustate et uidete , alle*luia*
quam suauis est d*omin*u*s*., al*leluia*

ITEM ALIA

IN labiis meis medita
bor ymnum. alle*luia*.
cum docueris me ego
iustitias respondebo ·.· al*leluia*.

ALIA

Hoc sacrum corpus d*omi*ni
et saluatoris sanguine*m*
sumite uobis in uitam
perennem ., alle*luia*

ITEM ALIA

Quam dulcia faucibus meis
eloquia tua d*omi*ne ,

ITEM ALIA

Hic est panis uiuus qui
de caelo discendit , al*leluia*
qui manducat ex eo
uiuet in aeternum. al*leluia*

IT*EM* ALIA

Refecti *christi* corpore
et sanguine tibi semper
d*omi*ne dicamus ., alle*luia* .,

AD UESPERU*M* ET AD[1] MATUTINAM

Gloria in excelsis d*e*o
et in terra pax homi
nibus bonae uoluntatis :· ,
laudamus te benedici
mus te adoramus te
glorificamus[2] te magni
ficamus te .. , gra
tias agimus tibi p*ro*p
ter magnam miseri
cordiam tuam d*omi*ne
rex caelestis d*eu*s pa
ter omnipotens :· ,
D*OMI*NE filii unigeni
te ih*es*u *christ*e *san*c*t*e sp*iritu*s
d*e*i et omnes dicimus
amen .. , D*OMI*NE
filii d*e*i patris agne
d*e*i qui tollis pecca
tum mundi mise
rere nobis ., SUS
cipe orationem
nostram qui sedes
ad dexteram d*e*i pa
tris miserere nobis :· ,
Quoniam tu solus *san*c*tu*s
tu solus d*omin*u*s* tu so
lus gloriosus cum
sp*irit*u *san*c*t*o in gloria
d*e*i patris amen :· ,[3]

[1] A roughly shaped Latin cross has been placed before the commencement of this title.

[2] The cursive 'u' above the line is nearly all cut off.

[3] The discrepancy in length between the two columns on this page as compared with the corresponding collotype, is due to the insertion of the first six titles in the left column on the margin or between the lines.

Cotidie benedici
mus te et laudamus
nomen tuum in ae
ternum et in saecu
lum saeculi amen:
Dignare dne die
ista sine peccato
nos custodire: bene
dictus es dne ds pa
trum nostrorum,
et laudabile et glo
riosum nomen tuu
in saecula amen:
Miserere nobis dne
miserere nobis,
Uerba mea auribus
usq et ds meus,
mane et exaudies
uocem meam,
mane oratio mea
prae ueniet te dne:
Diebus adq nocti
bus horis adq mo
mentis, misere
re nobis dne,

Orationibus ac mere
tis scorum tuorum: mise
Angelorum archange
lorum patriarcha
rum pphetarum:
miserere nobis dne
Apostolorum marty
rum et confessorum
adq uniuersa gradus
scorum, miserere
Gloria et honor patri
et filio et spu sco, et
nunc et semper et in sae
cula saeculorum amen:

[*Fol. 33 verso.*] [1]

Cotidie[2] benedici
mus te et laudamus
nomen tuum in æ
ternum et in saecu
lum saeculi amen :·
Dignare d*omi*ne die
ista sine peccato
nos custodire. bene
dictus es d*omi*ne d*eu*s pa
trum nostrorum .,
Et laudabile et glo
riosum nomen tuu*m*
in saecula amen :·
Miserere nobis d*omi*ne .
miserere nobis . . ,
Uerba mea auribus.
usq*ue* et d*eu*s meus .,
mane et exaudies
uocem meam .,
mane oratio mea
praeueniet te d*omi*ne :·
Diebus adq*ue* nocti
bus horis adq*ue* mo
mentis ., misere
re nobis d*omi*ne ,

Orationibus ac mere
tis s*anct*orum tuoru*m* :· mise*rere*
Angelorum archange
lorum patriarcha
rum p*ro*phetarum .,
miserere nobis d*omi*ne
Apostolorum marti
rum et confessorum
adq*ue* uniuersa gradus
s*anct*orum ., miser*e*re
Gloria et honor patri
et fili[3] et sp*irit*ui s*anct*o , et
nuc[4] et semper et in sae
cula saeculorum . amen :· ,

[1] This page is in a different handwriting from fol. 33 recto. From this page onwards considerable variety of handwriting occurs, but all the handwritings are contemporaneous, or nearly so, with the body of the MS. There are no additions of a distinctly later date.

[2] For the connection of this and some of the following verses with 'Te Deum Laudamus,' see Julian's *Dict. of Hymnology*, p. 1,120. See fol. 10 verso.

[3] A later correcting hand has added a small 'o' after the last letter in this word.

[4] The same correcting hand has written a small 'n' after and above the second letter of 'nuc.'

ad ho
ras die
oratio
commu
nis:

In te dne speraui non confundar in aeter
num. In iustitia tua libera me. Et
eripe me dne ds meus pechis cessauis
ame intende in adiutorium meum dne
salutis meae ds in adiutorium meu
intende dne ad adiuuandum me festi
na ferti na dne liberare nos
omnibus peccatis nostris:
oratio p abba te nostro:
dns con seruet eum et uiuificet
eum in et beatum faciet eum in
terra dns custodiet te: ab omni malo cus
todiat animam tuam dns. dns custodiat intro
itum tu um et exitum tuum et hoc nunc et us
que in saeculum. Commun orent dum.
Custodi nos dne ut pupillam occuli sub umbra
alarum tuarum protege nos. protege dne
et sanctifica nos ds pater omnibus omnipotens ds.
pater noster

AD HO RAS DIEI ORATI O COMM O NIS.

IN te d*omi*ne speraui non confundar in aeter num. in iustitia tua libera me. et eripe me d*omi*ne d*eu*s meus ne discesseris a me intende in adiutorium meum d*omi*ne d*eu*s in adiutorium meu*m* ad adiuuandum me festi na domine salutis meae intende d*omi*ne ad adiuuandum me festi na · festi na d*omi*ne liberare nos ex omnibus peccatis nostris ∴

ORATIO PRO ABBATE NOSTRO :—

d*omin*u*s* con seruet eum et uiuificet eum et beatum faciet eum in ter ra. d*omin*u*s* custodet[1] ab omni malo cus todiat anima*m* tuam d*omin*u*s*. d*omin*u*s* custodiat intro itum tu um et exitum tuum ex hoc nunc et us q*ue* in saeculum. COMMON OROIT DUN :—

custodi nos d*omi*ne ut pupillam occuli sub umbra alarum tuarum p*ro*tege nos. p*ro*tegere et s*anct*ificare digneris omnibus omnipotens d*eu*s . .

. pater noster :—[2]

---

[1] Two points, one above the other, are placed after 'custodet,' and the word 'te,' followed by two similar points, has been written *prima manu* interlineally above it.

[2] The mark of contraction over 'noster' implies the remainder of the 'oratio diuina,' the text of which has already been given on fol. 19 verso.

[illegible]

Ds ds nr ad te de luce uigilare
debemus & tu excita de terra in
summo & libera de sopore
animas nostras & in cubi
libus nostris conpunc
tamur ut tui esse me
mores mere amur
ad horam qui regnas
nonam.

Conuenienter frs
dilectissimi ad
orationem nonam
in quo tempore latro
conuersus est & regnum paradisi
pollicetur ei ita & nos dne con
fitemur peccata nostra & reg
num caelorum consequamur
& uitam aeternam mereamur
qui regnas.

[*Fol. 34 verso.*]

AD MATUTINA.

D*eu*s d*eu*s n*oste*r ad te de luce uigilare
debemus. et tu excita de graui
sumno et libera de sopore
animas nostras et incubi
libus nostris conpunc
gamur ut tui esse me
mores mere amur
AD HORAM qui regnas
NONAM.

Conuenientes fr*atre*s
dilectissimi ad
orationem nonam
in quo tempore latro
confessus est et regnum paradisi
pollicetur ei ita et nos d*omi*ne con
fitemur peccata nostra et reg
num caelorum consequamur
et uitam aeternam mereamur
qui regnas :· ,

ad secundam [illegible]

Christe sce pater omnipr aeternae deus qui diem clari-
ficas et in lumine luminas
misericordiam tuam dne
ne auferas a nobis redde
nobis laetitiam salutaris
tui et spu principali con-
firma nos ut oriatur lu-
cifer in cordibus nostris
per te ihu xpe qui reg.
post laudate pueri

Te patrem adoramus ae-
ternum te sempiternum dnm
filium inuocamus teque spm
scm in una diuinitatis substantia manentem confi-
temur tibi unico deo in trinitate debitas laudes et
gratias referemus ut
te incessabili uoce laudare mereamur per aeterna
saecula saeculorum.

de martyribus [illegible]

Sci et gloriosi ad-
mirabiles adque
potentes mar-
tires quorum
in operibus gau-
dns et in congre-
gatione laetatur
intercessores op-
timi et fortissi-
mi protectores me-
mentote nostri
semper in conspec-
tu dni ut dni mere-
amur auxilium
qui regnas

in do-
mini-
corum

[*Fol. 35 recto.*]

AD SECUNDA.

D*omi*ne s*an*c*t*e pater. om*ni*p*oten*s. ae
ternæ d*eu*s qui diem clari
ficas et in lumine luminas
misericordiam tuam d*omi*ne
ne auferas a nobis redde
nobis laetitiam salutaris
tui et sp*irit*u principali con
firma nos ut oretur[1] lu
cifer in cordibus nostris
per te ih*es*u *christ*e qui re*gnas*

POST LAUDATE PUERI[2]

TE[3] patre*m* adoramus æ

D*OMI*NUM

ternu*m* . te se*m*piternu*m*
filiu*m* inuocamus. teq*ue* sp*iritu*m
s*anctu*m in una diuinitatis sub
stantiae manentem confi
temur. tibi uni d*e*o in tri
nitate debitas laudes. et
gratias referemus. ut
te incessabili uoce lauda
re meriamur. per ęterna
sęcula saeculoru*m* :

DE MARTY

RIBUS

S*an*c*t*i et gloriosae
mirabiles adq*ue*
potentes mar
tires quorum
in operibus gaudet
d*omi*n*u*s et in congre
gatione laetatur
intercessores ob
timi et fortissi
mi p*ro*tectores me
mentote nostri
semper in conspec
tu d*omi*ni ut d*omi*ni mere
amur auxilium
qui regnas

IN DO
MINI
CORUM
DIE

---

[1] An 'i' has been written *prima manu* above and between the second and third letters of this word.

[2] A perpendicular line of points bearing afterwards to the right and ending in a semicircular convex loop connects the lower part of this title with the upper.

[3] The handwriting of this collect does not occur elsewhere in the MS.

Item alia post laū

Te patrem adoramus
aeternum te sempe-
ternum filium inuo-
camus teq: spm scm
in una diuinitatis sub-
stantiae manentem
confitemur tibi tri-
nitati laudes et gra-
tias referimus tibi
uni dō incessabilem
dicimus laudem te
patrem ingenitum
te filium unigenitum
te spm scm a patre et filio
procedentem corde
credimus tibi inaesti-
mabili

incomprehen-
sibili omnipotens
ds gratias agimus
qui regnas in saecula
It alia sup laū
Te patter nenu
iure laudamus
te in omni lo
cofatimur
et colimus
tibi famulatu
spontaneo
ministramus
exau
di nos et p
raesta ea
q: rogamus
qui regnas

[*Fol. 35 verso.*][1]

ITEM ALIA POST LAU*DATE*.

Te patrem adoramus
aeternum te sempe
ternum filium inuo
camus teq*ue* sp*iritu*m s*anctu*m
in una diuinitatis sub
stantiae manentem
confitemur[2] tibi tri
nitati laudes et gra
tias referimus. tibi
uni d*e*o incessabilem
dicimus laudem te
patrem ingenitum
te filium unigenitum
te sp*iritu*m s*anctu*m a patre et filio[3]
procedentem corde
credimus. tibi inaesti
mabili
inconpraehen
sibili omnipotens
d*eu*s gratias agimus
qui regnas in saecula

I*TEM* ALIA SUP*ER* LAU*DATE*.

Te pater reru*m*
iure laudamus
te in omni lo
co fatimur
et colimus
tibi famulatu
spontaneo.
ministramus
exau
di nos et p
raesta ea
q*uae* rogamus
qui regnas . . ,

---

[1] Independently of the titles, there appear to be three different, but contemporary, handwritings on this page, the first ending with 'confitemur' in the seventh line of the first column; the second with 'saecula' in the fourth line of the second column; the remainder of that column being in a third handwriting.

[2] There is a long thin stroke slanting upwards and thickening from left to right after this word. It seems to be connected with the change of handwriting which occurs here.

[3] It is important to notice that the words 'et filio' were not part of the text in the first column as originally written, but were tacked on subsequently, yet not later than when the text of the second column was written, from which they are separated by an irregular loop.

ad cereum benedicendum

In nocte tu fuisti columpna
ignis domine ad defendenda
plebem tua a facie farao[nis] et
exercitus eis ita digneris dne emitt
ere spm tuum scm et de eth[e]rio
flammeo temperato quo terribile tuo
ad custodiendam plebem tuam in isto
nocte scuto fidei defendas nos
ut non timeamus a timore noctur
no qui regnas in saecula

q(ui) spm scm in unctione divini
inventum confitemur tibi
ebriatas laudes et gratias
in mirabili nocte [illegible]

[*Fol. 36 recto.*]

AD CEREA*M* BENEDICE.[1]

IN nocte tu fuisti columpna
ignis d*omi*ne ad defendenda*m*
plebem tua*m* a facie faraonis et
exercitus eius ita digneris d*omi*ne emit
tere sp*iritu*m tuum s*anctu*m et de throno
flammeo gemmatoq*ue* terribile tuo
ad custoendam[2] plebem tuam in ista[3]
nocte scuto fidei defendas nos
ut non timeamus a timore noctur
no qui regnas in saecula

q*ue* sp*iritu*m s*anctu*m in una diuini
anentem confitemur tibi
ebitas laudes et gratias
ncessabili uoce laudare[4]

---

1 The rest of this title is illegible. The next letter looks like a 'P' with a horizontal bar through its lower limb. It may be an 'R,' in which case the word might be 'BENEDICERE.'

2 A point between the 'o' (which itself has been altered from 'i') and the 'e' in this word calls attention to the omission of the syllable 'di' which has been written above it in smaller letters.

3 The last letter of 'ista' is an altered 'o.'

4 The remainder of this collect, which has been erased, is illegible. In the case of the four half lines printed above, it will be noticed that the marks of contraction are hooked at each end, and that the letters are rather smaller, and the lines are closer together than in the upper text. The rest of this collect was perhaps erased when it was found that it had already been written on fol. 35 recto, and with variety of text again on fol. 35 verso.

Memoria abbatum [illegible]

Sancta sanctorum opera
patrum fratres fortissima
benchorensi in optima
fundatorum ecclesia
abbatum eminentia
numerum tempora nomina
sine fine fulgentia
audite magna praemerita.
quos convocavit dominus
caelorum regni sedibus.

Amavit Christus Comgillum
bene et ipse dominum
carum habuit Beognoum
dominum ornavit Aedeum
elegit sanctum Sinlanum
famosum mundi magistrum.
quos convocavit dominus
caelorum regni sedibus.

Tantum fecit Fintenanum
heredem almum inclitum
inlustravit Maclaisreum
kapud abbatum omnium
lampade sacra Seganum
magnum scripturae medicum.
quos.

Notus vir erat Berachus
corpore tum et Cumminenus
perpetuo Columba congruus
quem relaxique Aedanus
rector bonus Baithenus
summus antistes Critanus.
quos.

Tantis successit [illegible] Camanus
vir admirabilis omnibus
Christo nunc sedet superius
hymnos canens quindecies
Zoen ut carpat Cronanus
conservet eum dominus.
quos convocabit dominus
caelorum regni sedibus.

Horum sanctorum merita
abbatum fidelissima
erga Comgillum congrua
invocamus altissima
uti possimus omnia
nostra delere crimina
per Iesum Christum aeterna
regnantem in saecula.

[*Fol. 36 verso.*][1]

MEMORIA*M* ABBATUM

Sa*nct*a sa*nct*orum opera [N]OSTRO
patrum fratres fortissima R
benchorensi in optima U
fundatorum aeclesia M:
abbatum eminentia
numerum tempra nomina
sine fine fulgentia
audite magna mereta :,
quos conuocauit d*omin*u*s*.
caelorum regni sedibus :,

Amauit *christu*s comgillum
bene et ipse[2] d*omin*u*m*
carum habuit beognoum
domnu*m* ornauit aedeum
elegit s*anctu*m sinlanum
famosum mundi magistrum :,
quos conuocauit d*omin*u*s*.
caeloru*m* regni sedibus :
Gratum fecit fintenanum
heredem almum inclitum
inlustrauit mac laisreum
kapud[3] abbatum omnium
lampade sacrae seganum
magnum scripturae medicum :,
quos . . ,

be
Notus uir erat[4] rachus
ornatus et cumenenus
pastor colu*m*ba congruus
querela absque aidanus
rector bonus baithenus
summus antestes critanus :,
quos :
TAntis successit camanus
uir amabilis omnibus
*christ*o nunc sedet supprimus
ymnos canens quindecimus
zoen ut carpat cronanus
conseruet eum d*omin*u*s* ·.,
q[uo]s conuocabit d*omin*u*s*
caelorum regni sedibus . . ,

Horum s*anct*orum mere[ta]
abbatu*m* fidelissima
erga comgillu*m* congrua
inuocamus[5] altissima
uti possimus omnia
nostra delere cremina
per ih*esu*m *christu*m aet[er]na
regnantem in saecula · :,

---

[1] This page being somewhat worn, letters now illegible from wear have been placed in the text within square brackets. The size of the letters, the elevation of the upright stems of the 'a,' and the semicircular prolongation and extension below the line of the last down strokes of the 'm' (though these features are found elsewhere), mark off the hymn as in a different handwriting from the preceding pages.

[2] The mark of contraction over 'ipse' must be a clerical error caused perhaps by the mark over 'xps' in the line above.

[3] A 't' has been written *prima manu* above and rather to the left of the last letter in 'kapud.'

[4] There is a point after 'erat,' and a point before 'be' which has been added above the line *prima manu*.

[5] An 'e' has been added *prima manu* above the 'a' in 'inuocamus.'